US-Drohneneinsatz von deutschem Boden aus: Völkerrechtliche und verfassungsrechtliche Probleme

Niema Movassat

Im September 2016 eingereicht als Masterarbeit am Lehrstuhl für Deutsches und Europäisches Verfassungs- und Verwaltungsrecht sowie Völkerrecht der FernUniversität Hagen

Prüfer: Prof. Dr. Andreas Haratsch

Inhaltsverzeichnis

Inhaltsverzeichnis II

Abkürzungsverzeichnis VII

A. Einleitung 1

    I. Vorgehensweise 5

    II. Technische Eingrenzung des Untersuchungsgegenstandes 6

B. Die Vor- und Nachteile von Kampfdrohnen 7

    I. Vorteile 7

    II. Nachteile 9

C. US-Drohneneinsätze von deutschem Boden –Faktenlage und rechtlicher Status 10

    I. Funktionsweise der US-Drohneneinsätze 10

    II. Die Bedeutung der US-Militärbasen in Deutschland für die US-Drohneneinsätze 13

    III. Rechtlicher Status der US-Militärbasen in Deutschland 15

D. Bewaffnete US-Drohneneinsätze und das Völkerrecht 16

    I. Anwendbares Völkerrecht 17

        1. Der Begriff des bewaffneten Konfliktes 18

2. Rechtliche Würdigung des „Krieges gegen den Terror" 19

II. Einsatz von US-Kampfdrohnen innerhalb bewaffneter Konflikte 24

1. Anwendbare Regeln des ius in bello bei US-Drohneneinsätzen 24

2. Mögliche Völkerrechtsverstöße durch US-Drohneneinsätze 25

   a) Unterscheidungsgrundsatz 25

      aa) Zivile Opfer 27

      bb) Nicht-Soldaten als Angriffsziele 30

      cc) Zwischenergebnis 36

   b) Verbot unnötigen Leidens und überflüssiger Verletzungen 36

   c) Perfidieverbot 39

   d) Pardongebot 40

3. Ergebnis 42

III. Einsatz von US-Kampfdrohnen außerhalb bewaffneter Konflikte 42

1. Gewaltverbot, Art. 2 Nr. 4 UNCh 42

   a) Begriff der Gewalt 43

   b) Zielgerichtetheit der Gewaltanwendung 43

c) Zwischenstaatlichkeit 46

d) Zwischenergebnis 47

2. Rechtfertigung durch Zustimmung 47

3. Rechtfertigung durch das Selbstverteidigungsrecht 50

   a) Angriffsintensität 51

   b) Gegenwärtigkeit des Angriffs 54

      aa) Wiederholungsgefahr bzw. Dauerangriff 55

      bb) Präemptiver Einsatz 59

   c) Tauglicher Angreifer 64

      aa) Indirekte Gewalt 64

      bb) Zurechnung über „Safe-Haven-Doktrin" 67

      cc) Verzicht auf Zurechnung 70

      dd) Adressat des Selbstverteidigungsrechtes 75

4. Ergebnis 80

IV. US-Drohneneinsätze und Menschenrechte 81

1. Anwendbarkeit des IPbpR 81

2. Art. 6 IPbpR bei US-Drohneneinsätzen außerhalb bewaffneter Konflikte 86

3. Art. 6 IPbpR bei US-Drohneneinsätzen innerhalb bewaffneter Konflikte 88

V. Ergebnis 89

E. Völkerrechtliche Verantwortung Deutschlands bei US-Drohneneinsätzen 89

I. Tatsächlicher Anknüpfungspunkt für Staatsverantwortlichkeit ... 90

II. Verbot der Beihilfe 91

III. Verletzung von Neutralitätspflichten 93

1. Anwendbarkeit des Neutralitätsrechts 94

2. Neutraler Status 98

3. Inhalt der Neutralitätspflicht 99

4. Verletzung der Neutralitätspflicht und Folgen 100

F. Verfassungsrechtliche Verantwortung Deutschlands bei US-Drohneneinsätzen 104

I. Allgemeine Regeln des Völkerrechts als Teil des Bundesrechts, Art. 25 S. 1 GG 105

II. Recht auf Leben, Art. 2 II 1 GG 107

1. Extraterritoriale Gültigkeit von Art. 2 II 1 GG 107

a) Anwendbarkeit 107

  b) Umfang und Bedingung für die extraterritoriale Geltung 110

 2. Schutzbereich.. 113

 3. Eingriff.. 114

 4. Erfüllung der Schutzpflicht 115

  a) Allgemeine Kriterien 115

  b) Informationsbeschaffungspflicht 116

  c) Eignung und Effektivität bisheriger Maßnahmen.......... 120

  d) Vorhandensein alternativer Maßnahmen..................... 123

  e) Unzumutbarkeit 125

 4. Ergebnis... 126

G. Zusammenfassung **126**

Literaturverzeichnis **129**

Herstellung und Verlag:
BoD - Books on Demand, Norderstedt
ISBN 978-3-7431-6161-0

Abkürzungsverzeichnis

a. A.	andere Auffassung
Abs.	Absatz
AJIL	American Journal of International Law
Art.	Artikel
Aufl.	Auflage
AVR	Archiv des Völkerrechts
BGBl.	Bundesgesetzblatt
BRJ	Bonner Rechtsjournal
BT-Drs.	Bundestagsdrucksache
BVerfG	Bundesverfassungsgericht
BVerfGE	Entscheidungen des Bundesverfassungsgerichts
BVerfGK	Kammerentscheidungen des Bundesverfassungsgerichts
BVerwG	Bundesverwaltungsgericht
bzgl.	bezüglich
bzw.	beziehungsweise
ca.	circa
CIA	Central Intelligence Agency
CSS	Center for Security Studies
d. h.	das heißt
Doc.	Document
DÖV	Die Öffentliche Verwaltung
DJILP	Denver Journal of International Law and Policy

DSF	Deutsche Stiftung Friedensforschung
DVBl	Deutsches Verwaltungsblatt
ebd.	ebenda
EGMR	Europäischer Gerichtshof für Menschenrechte
EJIL	European Journal of International Law
EMRK	Europäische Menschenrechtskonvention
ES	Europäische Sicherheit
EuGRZ	Europäische Grundrechte-Zeitschrift
f.	folgende (Seite)
ff.	fortfolgende (Seiten)
Fn.	Fußnote
FS	Festschrift
GG	Grundgesetz
ggf.	gegebenenfalls
GoJIL	Goettingen Journal of International Law
HGR	Handbuch der Grundrechte
HLKO	Haager Landkriegsordnung vom 18.10.1907 (RGBl. 1910 S. 107)
h. M.	herrschende Meinung
HRC	Human Rights Committee
Hrsg.	Herausgeber
hrsg.	herausgegeben
HStR	Handbuch des Staatsrechts

HuV-I	Humanitäres Völkerrecht – Informationsschriften
ICJ Rep.	International Court of Justice, Reports of Judgements, Advisory Opinions and Orders
ICLQ	International and Comparative Law Quarterly
ICTY	International Criminal Tribunal for the former Yugoslavia
IGH	Internationaler Gerichtshof
IGHS	Statut des Internationalen Gerichtshofs
IKRK	Internationales Komitee vom Roten Kreuz
ILC	International Law Commission
ILJ	Cornell International Law Journal
ILS	International Law Studies
IntAff	International Affairs
IPbpR	Internationaler Pakt über bürgerliche und politische Rechte vom 19.12.1966 (BGBl. 1973 II, 1533)
IPG	Internationale Politik und Gesellschaft
i. S. d.	im Sinne des
JNSLP	Journal of National Security Law & Policy
JöR	Jahrbuch des öffentlichen Rechts
JR	Juristische Rundschau
JURA	Juristische Ausbildung
JuS	Juristische Schulung
JZ	Juristen Zeitung

Kap.	Kapitel
KritV	Kritische Vierteljahresschrift für Gesetzgebung und Rechtswissenschaft
lit.	littera
MRM	MenschenRechtsMagazin
MüKo	Münchener Kommentar
m. w. N.	mit weiteren Nachweisen
NATO	North Atlantic Treaty Organization
NJW	Neue Juristische Wochenschrift
No.	Number
Nr.	Nummer
NSA	National Security Agency
NStZ	Neue Zeitschrift für Strafrecht
NTS	NATO-Truppenstatut
NVwZ	Neue Zeitschrift für Verwaltungsrecht
NWVBl	Nordrhein-Westfälische Verwaltungsblätter
NZWehrr	Neue Zeitschrift für Wehrrecht
o. V.	Ohne Verfasser
Rn.	Randnummer
S.	Seite, Satz
S/RES	Resolution des UN-Sicherheitsrates
StGB	Strafgesetzbuch
SWP	Stiftung Wissenschaft und Politik

u.	und
u. a.	und andere
UN	United Nations
UNCh	Charta der Vereinten Nationen vom 26.06.1945 (BGBl. II, 430)
US	United States
USA	United States of America
v.	von, vom
VG	Verwaltungsgericht
vgl.	vergleiche
VN	Vereinte Nationen
Vorb.	Vorbemerkung
VStGB	Völkerstrafgesetzbuch
WVK	Wiener Übereinkommen über das Recht der Verträge vom 23.05.1969 (BGBl. 1985 II, S. 927)
YIHL	Yearbook of International Humanitarian Law
ZA-NTS	Zusatzabkommens zum NATO-Truppenstatut
ZaöRV	Zeitschrift für ausländisches öffentliches Recht und Völkerrecht
z. B.	zum Beispiel
ZfAS	Zeitschrift für Außen- und Sicherheitspolitik
Ziff.	Ziffer
ZP I	Zusatzprotokoll I zu den Genfer Konventionen

ZP II	Zusatzprotokoll II zu den Genfer Konventionen
ZRP	Zeitschrift für Rechtspolitik
ZSR	Zeitschrift für schweizerisches Recht
z. T.	zum Teil

A. Einleitung

Ramstein-Miesenbach ist eine Kleinstadt mit etwa 7.500 Einwohnerinnen und Einwohnern. Den meisten Deutschen wäre der Ort in der Nähe von Kaiserslautern vermutlich unbekannt, wenn er nicht regelmäßig in den Medien Erwähnung finden würde. Die Berichte drehen sich meist um eine zentrale Frage: Ist die von der US-Luftwaffe betriebene *Ramstein Air Base* am weltweiten militärischen Einsatz von Drohnen[1] durch die USA beteiligt[2]? Ist sie dafür sogar, wie ein ehemaliger Drohnenpilot sagt, *„absolut zentral"*[3]?

Die Frage bewegt alle drei staatlichen Gewalten. Im Deutschen Bundestag gab es mehrere Kleine Anfragen zu den US-Militärbasen in Ramstein und Stuttgart und ihrer Rolle bei US-Drohneneinsätzen[4]. Der NSA-Untersuchungsausschuss vernahm Zeugen

---

[1] Zum Begriff siehe A. II.
[2] *Bommarius, Christian* (2013): US-Kampfdrohnen-Einsätze. Die Mitschuld am Drohnen-Krieg, in: Frankfurter Rundschau, 04.06.2013, http://www.fr-online.de/politik/us-kampfdrohnen-einsaetze-die-mitschuld-am-drohnen-krieg,1472596,23109334.html, zuletzt abgerufen am 27.06.2016; *Goetz, John* u. a. (2013): Angriffe in Afrika. Drohnentod aus Deutschland, in: Süddeutsche Zeitung, 28.11.2013, http://www.sueddeutsche.de/politik/angriffe-in-afrika-drohnentod-aus-deutschland-1.1829921, zuletzt abgerufen am 05.08.2016.
[3] O. V. (2015): Interview mit dem ehemaligen US-Drohnenpiloten Brandon Bryant: „Ramstein ist absolut zentral", in: Panorma, 14.10.2015, http://daserste.ndr.de/panorama/aktuell/Brandon-Bryant-Ramstein-ist-absolut-zentral,drohnen250.html, zuletzt abgerufen am 05.08.2016.
[4] BT-Drs. 17/13381; BT-Drs. 17/14401; BT-Drs. 18/237.

zu diesem Thema⁵. Im Bereich der Exekutive hat die Bundesregierung die Thematik gegenüber der US-Regierung zur Sprache gebracht⁶ und ihr im April 2014 einen Fragenkatalog übersandt⁷. Auch deutsche Gerichte haben sich mit der Rolle der US-Militärbasen befasst⁸. Die Generalbundesanwaltschaft leitete sogar ein Ermittlungsverfahren ein⁹.

Unbestritten ist, dass US-Drohneneinsätze stattfinden¹⁰. Seit den Anschlägen vom 11.09.2001 befinden sich die USA in einem globalen „Krieg gegen den Terror"¹¹, bei dem bewaffnete Drohnen

---

⁵ O. V. (2014): Ex-NSA-Mitarbeiter im Untersuchungsausschuss. BND unterstützte Drohnenkrieg der USA, Spiegel Online, 04.07.2014, http://www.spiegel.de/politik/deutschland/ex-nsa-mitarbeiter-drake-bnd-unterstuetzte-drohnenkrieg-der-usa-a-979130.html, zuletzt abgerufen am 26.07.2016; o. V. (2015): Ex-US-Soldat bestätigt Ramsteins zentrale Rolle im Drohnen-Krieg, stern, 15.10.2015, http://www.stern.de/politik/deutschland/nsa-untersuchungsausschuss--ex-drohnen-pilot-brandon-bryant--ramstein-ist-immer-involviert-6503394.html, zuletzt abgerufen am 05.08.2016.

⁶ BT-Drs. 17/14401, Antwort auf Frage 11, S. 5.

⁷ BT-Drs. 18/2794, Vorbemerkung der Bundesregierung, S. 2.

⁸ BVerwG, DVBl 2016, S. 849; VG Köln, 4 K 5467/15, Urteil v. 27.04.2016; VG Köln, NWVBl 2016, S. 39.

⁹ GBA, NStZ 2013, S. 644.

¹⁰ Von den USA bestätigt, siehe: *Koh, Harold* (Rechtsberater der Regierung Obama): The Obama Administration and International Law, Speech, American Society of International Law, Washington D.C., 25. März 2010, http://www.state.gov/s/l/releases/remarks/139119.htm, zuletzt abgerufen am 14.06.2016.

¹¹ National Security Strategy, 17.09.2002, S. 27, http://www.state.gov/documents/organization/63562.pdf, S. 27, zuletzt abgerufen am 18.07.2016; Rede des damaligen US-Präsidenten *George W.*

aufgrund der technischen Entwicklung der letzten Jahrzehnte eine erhebliche Bedeutung erlangt haben[12]. Die Drohneneinsätze scheinen der US-Regierung als geeignetes Mittel zu gelten, einerseits verteidigungspolitische Ziele zu erreichen und gleichzeitig die eigenen Verluste zu reduzieren[13]. Dies erklärt, warum sich unter Präsident Obama die Zahl der Drohneneinsätze merklich erhöht hat[14]. Auch ist die Anzahl der US-Drohnen von 50 im Jahr 2000 auf ca. 11.000 im Jahr 2013 gestiegen[15]. Mittlerweile bildet die US-Luftwaffe mehr Drohnenbediener als Kampfpiloten aus[16]. Lange gab es keine offiziellen Angaben dazu, wie viele Personen durch US-Drohnen den Tod gefunden haben[17]. Erst jüngst gaben die USA bekannt, seit dem Amtsantritt von US-Präsident Obama handele es sich um bis zu 2.581 Personen, darunter bis zu 116

Bush: „Bush kündigt Beginn eines ‚Kriegs gegen den Terror' an", 20.09.2001, http://usa.usembassy.de/etexts/docs/ga1-092001d.htm, zuletzt abgerufen am 16.08.2016.

[12] *Ceccoli/Bing*, Studies in Conflict & Terrorism 38 (2015), S. 146 (147); *Dickow/Linnenkamp*, SWP Aktuell 75, 2012, S. 3; *Nowrot*, S. 6; *Orr*, ILJ 2011, S. 729 (730).

[13] *Orr*, ILJ 2011, S. 729 (730); *Vogel*, DJILP 2011, S. 101 (102); siehe auch B. I.

[14] *Benjamin*, S. 107 f.; *Ceccoli/Bing*, Studies in Conflict & Terrorism 38 (2015), S. 146 (147); *Orr*, ILJ 2011, S. 729 (730); *Rudolf*, SWP Aktuell 37, 2013, S. 5.

[15] *Pedrozo*, in: Pedrozo/Wollschlaeger, S. 217 (217).

[16] Ebd.

[17] Vgl. *Frau*, VN 2013, S. 99 (100); *Heyns*, Rn. 80 f.

Zivilisten[18]. Da sich diese Zahlen der USA nur auf Länder beziehen, in denen sie nicht an kriegerischen Auseinandersetzungen beteiligt sind, sind die Opfer in Afghanistan, Irak und Syrien nicht erfasst[19]. Zudem weichen die offiziellen Angaben deutlich von anderen Schätzungen ab. So wurden laut dem „*Bureau for Investigative Journalism*", dessen Zahlen als zuverlässig gelten[20], allein in Pakistan von Juni 2004 bis Mai 2016 zwischen 2.499 und 4.001 Menschen durch US-Drohnen getötet, darunter 424 bis 966 Zivilisten[21].

Die bewaffneten US-Drohneneinsätze weisen zahlreiche völkerrechtliche Implikationen auf. Da dabei US-Militärbasen in Deutschland möglicherweise eine wichtige Rolle spielen, stellen sich zudem Fragen hinsichtlich der völkerrechtlichen und verfassungsrechtlichen Verantwortung der Bundesrepublik Deutschland. Beide Themenkreise stehen im Fokus dieser Arbeit.

---

[18] O. V. (2016): US-Regierung veröffentlicht erstmals Zahlen. Bis zu 116 Zivilisten durch Drohnen getötet, tagesschau.de, 02.07.2016, https://www.tagesschau.de/ausland/us-drohnenangriffe-101.html, zuletzt abgerufen am 05.08.2016.

[19] Ebd.

[20] *Rudolf*, SWP Aktuell 37, 2013, S. 5.

[21] Weitere Zahlen finden sich für Jemen, Afghanistan und Somalia, siehe: Bureau for Investigative Journalism, https://www.thebureauinvestigates.com/category/projects/drones/drones-graphs/, zuletzt abgerufen am 18.07.2016.

I. Vorgehensweise

Um die Beweggründe der USA für den zunehmenden Einsatz bewaffneter Drohnen zu verdeutlichen, beginnt die Arbeit mit einem kurzen Überblick über die Vor- und Nachteile ihres Einsatzes (B.). Es folgt eine Darstellung der Faktenlage zum US-Drohneneinsatz vom deutschen Boden (C.). Anschließend geht es um die rechtlichen Fragestellungen, die den Schwerpunkt dieser Arbeit bilden. Für die USA liegt die juristische Grundlage für den weltweiten Einsatz bewaffneter Drohnen in der „*Authorisation for the Use of Military Force*"[22]. Aufgrund der Terroranschläge des 11.09.2001 berufen sich die USA auf ein Selbstverteidigungsrecht gegen Terrororganisationen wie „Al-Qaida", welches auch den Einsatz von Kampfdrohnen legitimiere[23]. Ob ein solches Selbstverteidigungsrecht tatsächlich besteht und inwieweit US-Drohneneinsätze mit dem Völkerrecht und den Menschenrechten vereinbar sind, ist Gegenstand einer umfassenden Analyse (D.). Im Anschluss wird die Frage behan-

---

[22] Beschlossen am 14.09.2001 als Reaktion auf die Terroranschläge vom 11.09.2001 durch den US-Kongress, https://www.congress.gov/bill/107th-congress/senate-joint-resolution/23, zuletzt abgerufen am 14.06.2016.
[23] *Koh, Harold*, Speech (Fn. 10).

delt, welche eigenen völker- und verfassungsrechtlichen Verpflichtungen die Bundesrepublik Deutschland hinsichtlich der US-Drohneneinsätze einhalten muss (E., F.).

II. Technische Eingrenzung des Untersuchungsgegenstandes

Der Begriff „Drohne" bezeichnet ein unbemanntes Luftfahrzeug[24]. Unter einem unbemannten System wird „ein zumeist wiederverwendbares angetriebenes Gerät, das keinen Bediener trägt und autonom oder ferngesteuert Missionen durchführt"[25] verstanden. Die heute eingesetzten Drohnen agieren allerdings nicht autonom[26], sondern werden von Piloten ferngesteuert[27]. So sitzen im Fall der US-Drohnen die Bediener in Militäreinrichtungen in den USA[28].

Drohnen können unterschiedliche Ausstattungen haben. So gibt es Drohnen mit Kameras für Aufklärungs- und Überwachungsmissionen[29]. Für Kampfeinsätze verfügen Drohnen zudem über

---

[24] *Richter*, SWP Aktuell 28, 2013, S. 1; *Städele*, S. 24.
[25] Definition nach *Petermann/Grünwald*, S. 6.
[26] *Arendt*, in: Frau, S. 19 (21); *Banaszewska*, in: Frau, S. 59 (62 f.).
[27] *Frau*, HuV-I 2011, S. 60 (60); *Schönfeld*, BRJ 2015, S. 25 (26).
[28] *Orr*, ILJ 2011, S. 729 (735); *Schönfeldt*, BRJ 2015, S. 25 (26); *Schörnig*, in: Schmidt-Radefeldt/Meissler, S. 33 (37 f.).
[29] z. B.: deutsche Polizeidrohne MD4-1000, militärische Drohne Global Hawk.

Waffen wie die Luft-Boden-Rakete „*Hellfire*" oder lasergelenkte Bomben[30]. Diese auch als „Kampfdrohnen"[31] bezeichneten Luftfahrzeuge werden entweder als Ergänzung zu anderen militärischen Maßnahmen oder zur gezielten Tötung mutmaßlicher Terroristen genutzt[32]. Diese Ausarbeitung behandelt den Einsatz bewaffneter Drohnensysteme durch die USA.

B. Die Vor- und Nachteile von Kampfdrohnen

I. Vorteile

Einer der Vorteile von Kampfdrohnen ist, dass ihre Waffenwirkung im Vergleich zu Kampfflugzeugen punktgenauer ist, wodurch die Zahl ziviler Opfer vermindert wird[33]. Zudem sind sie aufgrund ihrer Sensortechnik zu einer genauen Zielaufklärung in der Lage. In Verbindung mit ihren Präzisionswaffen können Kampfdrohnen dadurch Ziele nahezu zeitgleich zur Aufspürung ausschalten; die Zeitspanne zwischen der Entdeckung des Zieles und seiner Bekämpfung ist auf wenige Sekunden verkürzt[34].

---

[30] Bekannteste Modelle sind die US-Drohnen MQ-1B Predator („Raubtier") und MQ-9 Reaper („Sensenmann").
[31] *Nowrot*, S. 5 f.
[32] *Benjamin*, S. 28; *Dickow/Linnenkamp*, SWP Aktuell 75, 2012, S. 3.
[33] *Richter*, SWP Aktuell 28, 2013, S. 8; *Schönfeldt*, BRJ 2015, S. 25 (27).
[34] *Schönfeldt*, BRJ 2015, S. 25 (27); *Schörnig*, in: Schmidt-Radefeldt/Meissler, S. 33 (40).

Zudem sind Drohnen in der Lage, sehr lange in der Luft zu bleiben[35]. Die US-Drohne „Predator" kann z. B. 24 Stunden ohne Unterbrechung fliegen[36]. Dies ermöglicht eine längere bzw. ständige Beobachtung des Zielobjektes. Für die USA ist dies bedeutsam, da der Gegner in den Kriegen in Afghanistan und dem Irak oft „unsichtbar" war bzw. ist und sich unter die Zivilbevölkerung mischt[37].

Einer der wichtigsten Vorteile ist, dass eigene Soldaten keiner physischen Gefahr ausgesetzt sind, da sich die Piloten tausende Kilometer entfernt auf sicherem Gebiet, zumeist im eigenen Staat, befinden[38]. In Zeiten, in denen die Bevölkerung Kriegseinsätze immer skeptischer gegenübersteht, ist dies aus Sicht politischer Entscheidungsträger ein nicht zu unterschätzender Vorteil[39].

---

[35] *Bieri/Dickow*, CSS, Nr. 164, S. 2; *Richter*, HuV-I 2011, S. 105 (106).
[36] *Vogel*, DJILP 2011, S. 101 (104).
[37] *Benjamin*, S. 27.
[38] *Benjamin*, S. 28; *Bieri/Dickow*, CSS, Nr. 164, S. 2; *O'Conell,* Unlawful Killing, S. 5.
[39] *Schörnig*, in: Schmidt-Radefeldt/Meissler, S. 33 (47).

Hinzu kommt, dass bewaffnete Drohnen in finanzieller Hinsicht preiswerter sind als Kampfflugzeuge[40]: Eine „Reaper" Drohne kostet $ 28,4 Millionen[41], ein F-22 Kampfjet $ 150 Millionen.

II. Nachteile

Die Verlustgefahr ist bei Drohnen höher als bei Kampfjets, da erstere recht langsam fliegen und so für Radarschirme leicht erkennbar und für Luftabwehrsysteme gut erfassbar sind[42]. Die Netzwerktechnik ist durch Hacker angreifbar[43]. Auch ist das Einsatzgebiet von Drohnen begrenzt: Sie sind nicht so beweglich wie und langsamer als Kampfflugzeuge[44].

Auf kriegspsychologischer Ebene wird befürchtet, dass Drohnen zu einer Enthemmung der Gewalt führen können[45]. Einerseits,

---

[40] *Boor*, HuV-I 2011, S. 97 (97); *Frau*, VN 2013, S. 99 (99).
[41] *Benjamin*, S. 29.
[42] *Bieri/Dickow*, CSS Nr. 164, S. 2; *Schörnig*, in: Schmidt-Radefeldt/Meissler, S. 33 (36).
[43] O. V. (2009): Irakische Aufständische hacken US-Militärdrohnen, in: Spiegel Online, 17.12.2009, http://www.spiegel.de/netzwelt/netzpolitik/blamage-fuer-amerikanische-air-force-irakische-aufstaendische-hacken-us-militaerdrohnen-a-667648.html, zuletzt abgerufen am 21.08.2016.
[44] *Frau*, VN 2013, S. 99 (99).
[45] *Dickow/Linnenkamp*, SWP Aktuell 75, 2012, S. 4; *Stroh*, in: Frau, S. 137 (144); *Vogel*, DJILP 2011, S. 101 (124).

weil die Kriegsführenden weit weg vom Schlachtfeld sind und eigene Soldaten durch Entscheidungen nicht gefährdet werden[46]. Andererseits, da eine „*Playstation*"-Mentalität auftreten könnte, indem bei den Piloten das Gefühl entsteht, nicht real zu handeln, sondern sich in einem virtuellen Videospiel zu befinden[47]; die Folge wäre eine emotionale Distanz zum Opfer[48].

Zudem werden Zweifel geäußert, ob Drohnen überhaupt geeignet sind, den Terrorismus zurückzudrängen. Denn die ständige Gefahr, Opfer eines Drohnenangriffes zu werden, könnte in einigen Ländern als Rekrutierungsargument für Terrorgruppen dienen[49].

C. US-Drohneneinsätze von deutschem Boden –Faktenlage und rechtlicher Status

I. Funktionsweise der US-Drohneneinsätze

Die US-Programme im Kampf gegen den Terror sind geheim[50]. Vor kurzem aber kam es zur Veröffentlichung der offiziellen US-

---

[46] *Alston*, Rn. 80; *Sauer*, ZfAS 2014, 343 (349 f.).
[47] *Alston*, Rn. 84; *Schönfeldt*, BRJ 2015, S. 25 (28).
[48] *O'Conell*, Unlawful Killing, S. 8 f.
[49] *Becker*, DÖV, S. 493 (494); *Boor*, HuV-I 2011, S. 97 (99 f.); *O'Conell*, Unlawful Killing, S. 2; Stanford/NYU Rep., S.125 ff; *Städele*, S. 273 f.
[50] *Rudolf/Schaller*, S. 8.

Richtlinien für den Einsatz von Drohnen außerhalb von Kriegsgebieten[51]. Schon vorher war bekannt geworden, dass die USA eine geheime Liste („*Joint Effects List*") führen, auf der die Zielpersonen erfasst sind, die mittels Drohne ausgeschaltet werden sollen[52]. Diese Operationen, die als „*targeted killing*"[53] bezeichnet werden, führt sowohl das US-Militär als auch der US-Geheimdienst CIA aus, der hierfür eine eigene Zielpersonen-Liste führt[54].

Es ist nicht bekannt, nach welchen Kriterien Personen auf die Ziellisten aufgenommen werden[55]. Die *Presidential Policy Guidance* sagt dazu nur, dass es sich um „hochrangige Terroristen" *(„high-value terrorist")* handeln müsse[56]. Allerdings ist pub-

---

[51] Presidential Policy Guidance, 22.05.2013, https://www.aclu.org/foia-document/presidential-policy-guidance?redirect=node/58033, zuletzt abgerufen am 16.08.2016; vgl. auch: *Beuth, Patrick*, Anleitung zum Drohnenkrieg, in: ZEIT ONLINE, http://www.zeit.de/politik/ausland/2016-08/terrorbekaempfung-drohnen-krieg-us-regierung-handbuch?sort=desc, zuletzt abgerufen am 10.09.2016.

[52] *Rudolf*, SWP Aktuell 37, 2013, S. 2.

[53] Zum Begriff *Rudolf/Schaller*, S. 8.

[54] GBA, NStZ 2013, S. 644 (647); *O'Conell*, Unlawful Killing, S. 6; *Rudolf/Schaller*, S. 9 f.

[55] *Becker*, DÖV, S. 493 (496 f.).

[56] Presidential Policy Guidance (Fn. 51), S. 1.

lik geworden, dass bereits bestimmte Bewegungs- und Verhaltensmuster Personen zu Zielobjekten machen können („*signature strikes*")[57].

Für die Zielauswahl sowohl des US-Militärs als auch der CIA gibt es eine umfassende Befehls- und Überprüfungskette[58]. Unabhängige Gerichte sind an diesem Prozess allerdings nicht beteiligt. Die Letztentscheidung bei Drohneneinsätzen außerhalb offizieller Kriegsgebiete liegt beim US-Präsidenten[59]. Nach der Entscheidung zum Einsatz ist 60 Tage Zeit, die Operation durchzuführen[60].

---

[57] *Dickow/Linnenkamp*, SWP Aktuell 75, 2012, S. 3; *Frau*, VN 2013, S. 99 (100); Beispiele für „*signature strikes*" durch *Biermann, Kai* (2015): Die zynischen Regeln des Drohnenkrieges, in: ZEIT ONLINE, http://www.zeit.de/politik/ausland/2015-10/usa-drohnen-drohnenkrieg-rechtfertigung/seite-2, zuletzt abgerufen am 10.09.2016: „Wer in Somalia einen Kleinlaster fährt, mit dem Islamisten zuvor Waffen transportiert haben, ist im Zweifel in tödlicher Gefahr, wenn die Bildauswerter im Pentagon das Nummernschild wiedererkennen. Oder wer ein Haus betritt, in dem sich zuvor Kämpfer getroffen haben. Oder gar ein Mobiltelefon benutzt, mit dem zuvor ein lokaler Kommandeur telefoniert hat."

[58] Presidential Policy Guidance (Fn. 51), S. 2 ff.

[59] Presidential Policy Guidance (Fn. 51), S. 5.

[60] O. V. (2015): Whistleblower enthüllt Ausmaß des Drohnenkriegs, in: Spiegel Online, 16.10.2015, http://www.spiegel.de/politik/ausland/drohnenkrieg-whistleblower-veroeffentlicht-geheime-dokumente-a-1058043.html, zuletzt abgerufen am 05.06.2016.

II. Die Bedeutung der US-Militärbasen in Deutschland für die US-Drohneneinsätze

Die US-Drohnenpiloten sitzen in den USA und lenken von dort die Luftfahrzeuge[61]. Von US-Militärbasen in Deutschland werden Kampfdrohnen weder befehligt noch geflogen[62]. Laut dem Nachrichtenmagazin DER SPIEGEL erfolgt die Datenübertragung zwischen den Piloten in den USA und den Kampfdrohnen im Einsatzgebiet wie z. B. in Pakistan über das *Air Operations Center* der US-Militärbasis in Ramstein[63]. Durch ein Glasfaserkabel würden die Steuerungsbefehle des Piloten von den USA nach Ramstein übermittelt und von dort mittels einer Satellitenrelaisstation an die Drohnen gefunkt[64]. Wegen der Krümmung der Erdoberfläche sei eine direkte Datenübertragung zwischen einem Piloten in den USA und einer Drohne im Nahen Osten nicht möglich, ohne dass es zu Zeitverzögerungen zwischen Befehl und

---

[61] Siehe Fn. 28.
[62] VG Köln, NWVBl. 2016, 39 (41); Antwort der Bundesregierung auf die schriftliche Frage des Abgeordneten *Niema Movassat*, BT-Drs. 18/2145, Frage 8, S. 4 f.
[63] *Bartsch, Matthias* u. a. (2015): Der Krieg via Ramstein, in: DER SPIEGEL, 17/2015, http://www.spiegel.de/politik/deutschland/ramstein-air-base-us-drohneneinsaetze-aus-deutschland-gesteuert-a-1029264.html, zuletzt abgerufen am 26.07.2016.
[64] Ebd.

Handlung der Drohne komme. Ohne eine Zwischenstation in Europa ließe sich eine Echtzeitverbindung also nicht herstellen[65]. Insofern sei die Datenweiterleitung über Ramstein *conditio sine qua non* für die gezielten Tötungen durch Drohnen[66]. Die Bedeutung der US-Militärbasis in Ramstein gehe über die reine Datenübertragung hinaus und umfasse eigenständige Bildauswahlentscheidungen eines „*Sensor Operators*"[67]. Auch das *US Africa Command* (AFRICOM) in Stuttgart sei an den Drohnenangriffen beteiligt, da es alle militärischen Operationen der USA in Afrika verantworte, also auch die Drohneneinsätze[68]. Sollten diese Informationen stimmen, wäre Deutschland ein wesentlicher Knotenpunkt für die globalen US-Drohneneinsätze.

---

[65] Ebd.
[66] *Schiffbauer*, juwiss; vgl. auch *Fuchs*: *Christian* u. a. (2013), US-Streitkräfte steuern Drohnen von Deutschland aus, in: Süddeutsche Zeitung, 30.05.2013, http://www.sueddeutsche.de/politik/luftangriffe-in-afrika-us-streitkraefte-steuern-drohnen-von-deutschland-aus-1.1684414, zuletzt abgerufen am 03.09.2016.
[67] *Bartsch, Matthias* u. a.: Der Krieg via Ramstein (Fn. 63).
[68] *Fuchs, Christian* u. a.: US-Streitkräfte steuern Drohnen von Deutschland aus (Fn. 66).

III. Rechtlicher Status der US-Militärbasen in Deutschland

Die US-Militärstützpunkte in Deutschland sind, ebenso wie diplomatische Vertretungen, kein extraterritoriales Gebiet[69]. Es handelt sich um deutsches Staatsgebiet. Die Regeln für die US-Truppen sind in völkerrechtlichen Verträgen niedergelegt: Grundlage für ihre Stationierung in Deutschland ist der Aufenthaltsvertrag von 1954[70]. Die stationierungsrechtlichen Grundlagen regelt das ZA-NTS von 1959[71]. Nach Art. 53 I 2 ZA-NTS gilt innerhalb der überlassenen Liegenschaften das deutsche Recht[72]. Zudem bestimmen Art. II und IX Abs. 3 NTS[73], dass ausländische Truppen die Pflicht haben, das Recht des Aufnahmestaates zu achten. Nur bei Maßnahmen, die lediglich interner Natur sind, findet kein deutsches Recht Anwendung, vgl. Art. 53 I 2 ZA-NTS.

---

[69] *Kau*, in: Graf Vitzthum/Proelß, S. 159 f., Rn. 74; *Meiser/v. Buttlar*, S. 38; *Schiffbauer*, juwiss.

[70] Vertrag über den Aufenthalt ausländischer Streitkräfte in der Bundesrepublik Deutschland v. 23.10.1954, BGBl. 1955 II, S. 253; ergänzt durch Vereinbarung v. 25. September 1990, BGBl. 1990 II, S. 1390.

[71] Zusatzabkommen zu dem Abkommen zwischen den Parteien des Nordatlantikvertrags über die Rechtsstellung ihrer Truppen hinsichtlich der in der Bundesrepublik Deutschland stationierten ausländischen Truppen v. 03.08.1959 (BGBl. 1961 II S. 1183, 1190, 1218 ff.) in der durch die Änderungsabkommen v. 21.10.1971 (BGBl. 1973 II S. 1021), v. 18.05.1981 (BGBl. 1982 II S. 530) und v. 18.03.1993 (BGBl. 1994 II S. 2594) geänderten Fassung.

[72] Vgl. auch BVerwG, DVBl 2016, 849 (850).

[73] Abkommen zwischen den Parteien des Nordatlantikvertrags über die Rechtsstellung ihrer Truppen v. 19.06.2951, BGBl. 1961 II S. 1190.

Nach Art. 53 I 1 ZA-NTS darf die stationierte Truppe innerhalb ihrer Liegenschaft die für ihre Verteidigungspflichten erforderlichen Maßnahmen treffen. Sofern die USA ihren Kampf gegen Terrororganisationen als Verteidigungsaufgabe betrachten, ist damit eine entsprechende Einbindung der in Deutschland stationierten US-Truppen in die Terrorbekämpfung grundsätzlich zulässig[74]. Wie weit sie hierbei gehen dürfen, ist jedoch eine primär völkerrechtliche Fragestellung.

D. Bewaffnete US-Drohneneinsätze und das Völkerrecht

Die Produktion, der Besitz und die Verwendung von Drohnen sind völkerrechtlich nicht verboten[75]. Da keine besonderen völkerrechtlichen Regeln für Drohneneinsätze existieren[76], finden die allgemeinen Regeln Anwendung.

---

[74] Auf die Einzelheiten des Stationierungsrechtes einzugehen, würden den Rahmen dieser Arbeit sprengen. Vgl. dazu etwa Wissenschaftlicher Dienst des Bundestages, NATO-Truppenstatut, Zusatzabkommen, Verwaltungsvereinbarungen.

[75] *Frau*, HuV-I 2011, S. 60 (62); *Ipsen*, in: Ipsen, § 61, Rn. 36; *Schaller*, HuV-I 2011, S. 91 (96); *Schmitt*, YIHL 13 (2010), S. 311 (311 f.).

[76] *Nowrot*, S. 9; *Wuschka*, GoJIL 3/2011, S. 891 (905).

I. Anwendbares Völkerrecht

Für die völkerrechtliche Bewertung ist danach zu differenzieren, ob US-Kampfdrohnen außerhalb oder innerhalb eines bewaffneten Konfliktes zum Einsatz kommen.

Innerhalb bewaffneter Konflikte gilt das humanitäre Völkerrecht (*ius in bello*), außerhalb bewaffneter Konflikte das Friedensvölkerrecht (*ius contra bellum*). Ziel des *ius in bello* ist es, militärische Gewalt in einem rechtlichen Rahmen zu halten, d. h. Mittel und Methoden der Kriegsführung zu begrenzen[77]. Daher sieht es Regeln zum Schutz der Zivilbevölkerung vor, erlaubt aber Angriffe auf militärische Ziele[78]. Das humanitäre Völkerrecht gibt den kriegsführenden Parteien größere Handlungsspielräume als das Friedensvölkerrecht.[79]. So gewährt es Individualschutz nur in verringertem Umfang[80].

---

[77] *Bothe*, in: Graf Vitzthum/Proelß, S. 596, Rn. 2; *Hobe*, S. 523; *Stein/v. Buttlar*, Rn. 1210 f.

[78] *Frau*, VN 2013, S. 99 (100); *Schaller*, SWP Aktuell 67, 2009, S. 1; *Städele*, S. 166.

[79] *Thym*, DÖV 2010, S. 621 (623).

[80] IGH, *Legality oft he threat or use nuclear weapons*, Advisory Opinion of 8 July 1996, ICJ Rep. 1996, p. 226, 240, Rn. 25; *Frau*, HuV-I 2013, S. 130 (133); *Löffelmann*, JR 2013, 496 (497); *Thürer*, ZSR 2006, S. 157 (164).

1. Der Begriff des bewaffneten Konfliktes

Ein bewaffneter Konflikt ist die Gewaltanwendung zwischen mindestens zwei Parteien[81]. *„Bewaffnet"* bedeutetet, dass eine Konfliktpartei gegen die andere das Instrument der Waffe einsetzt[82].

Das Völkerrecht unterscheidet bewaffnete Konflikte im Übrigen nach ihrer geographischen Ausdehnung: Ein internationaler bewaffneter Konflikt liegt vor, wenn ein Staat Waffengewalt gegen einen anderen Staat ausübt[83]. Ein nicht-internationaler bewaffneter Konflikt hingegen zeichnet sich durch eine langanhaltende, bewaffnete Gewalt zwischen einer Regierung und organisierten, bewaffneten Gruppen im eigenen Land oder zwischen diesen Gruppen aus[84]. Anders als beim internationalen bewaffneten Konflikt muss eine gewisse Gewaltschwelle überschritten werden. Erforderlich ist eine hinreichende Intensität und Dauer der

---

[81] *Gaitanides*, KritV 2004, S. 129 (133); *Löffelmann*, JR 2013, 496 (498).
[82] *Kempen/Hillgruber*, S. 256, Rn. 12; *Ipsen*, in: Ipsen, § 59, Rn. 4; *Städele*, S. 175.
[83] ICTY, *Prosecutor v. Dusko Tadić a/k/a „Dule"*, Decision on the Defence Motion for Interlocutory Appeal, 02.10.1995, Case No. IT-91-1-AR72, Rn. 70; *Banaszewska*, in: Frau, S. 59 (66); *Ipsen*, in: Ipsen, § 59, Rn. 9 ff.; *Gaitanides*, KritV 2004, S. 129 (131); *Stein/v. Buttlar*, Rn. 1217.
[84] ICTY, *Prosecutor v. Dusko Tadić*, Rn. 70 (Fn. 83); *v. Arnauld*, Rn. 1162; *Gaitanides*, KritV 2004, S. 129 (132); *Gasser/Melzer*, S. 65; *Marauhn*, in: DSF 2013, S. 26 (40).

gewaltsamen Auseinandersetzung sowie ein gewisser Organisationsgrad der Konfliktparteien, der sie dazu befähigt, Kontrolle über einen Teil des Hoheitsgebietes auszuüben sowie koordinierte und anhaltende Kampfhandlungen durchführen zu können[85].

Für die vorliegende Ausarbeitung hat die Unterscheidung allerdings keine Bedeutung, da die hier einschlägigen Regeln des humanitären Völkerrechts auf beide Konflikttypen Anwendung finden[86].

2. Rechtliche Würdigung des „Krieges gegen den Terror"

Zur Legitimierung militärischer Einsätze außerhalb der eigenen territorialen Grenzen war unter US-Präsident George W. Bush die Rede vom „*Krieg gegen den Terror*"[87]. Die Obama-Administration spricht vom „*Kampf gegen Al-Qaida und ihre Verbündeten*"

---

[85] Vgl. Art. 1 Nr. 1 ZP II, sowie: GBA, NStZ 2013, S. 644 (645); *v. Arnauld*, Rn. 1175; *Bruha*, AVR 40 (2002), S. 383 (388); *Gaitanides*, KritV 2004, S. 129 (133); *Gasser/Melzer*, S. 67; *Thym*, DÖV 2010, S. 621 (627).

[86] Vgl. *Frau*, HuV-I 2011, S. 60 (61); *Gasser/Melzer*, S. 65 f.; *Müssig/Meyer*, FS Puppe, S. 1501 (1517); *O'Conell*, Unlawful Killing, S. 21; *Schmitt*, YIHL 13 (2010), S. 311 (321); *Stroh*, HuV-I 2011, S. 73 (75); ähnlich: *v. Arnauld*, Rn. 1173.

[87] Siehe Fn. 11.

und dem Kampf gegen „*gewalttätigen Extremismus*"[88]. Auch wenn sich der Begriff gewandelt hat: Die USA sind der Auffassung, dass sie sich in einem weltweiten, permanenten und bewaffneten Konflikt gegen Terroristen befinden[89]. Nach dieser Lesart gibt es keine militärischen Aktionen der USA außerhalb bewaffneter Konflikte. Die Drohneneinsätze sind nach dieser Auffassung ausschließlich am Maßstab des (weniger strengen) humanitären Völkerrechts zu messen.

Die völkerrechtliche Argumentation der USA sieht sich allerdings erheblichen Zweifeln ausgesetzt. Zunächst setzt ein weltweiter und damit internationaler bewaffneter Konflikt ein Handeln konfliktfähiger Parteien, also von Völkerrechtssubjekten, voraus[90]. Völkerrechtssubjekt ist, wer Träger von völkerrechtlichen Rechten und Pflichten ist[91]. Typischerweise sind dies Staaten[92]. Aufständische, d. h. nicht-staatliche Gruppen, können nur dann

---

[88] National Security Strategy v. Mai 2010, S. 7 f., https://www.whitehouse.gov/sites/default/files/rss_viewer/national_security_strategy.pdf, zuletzt abgerufen am 20.07.2016.
[89] *Koh, Harold,* Speech (Fn. 19); vgl. ausführlich: *Vogel,* DJILP 2011, S. 101 (107 f.).
[90] *Bothe,* in: Graf Vitzthum/Proelß, S. 680, Rn. 128; *Kapaun,* S. 150.
[91] *Hobe,* S. 67; *Stein/v. Buttlar,* Rn. 244.
[92] Ebd.

beschränkte Völkerrechtssubjektivität erlangen, wenn sie als „kriegsführende Partei" anerkannt werden[93].

„*Dem Terror*" als solchen fehlt es dafür schon an Eingrenzbarkeit und Organisiertheit. Denn Begriffe „*Terrorismus*" und „*Terrorist*" sind schwerlich zu definieren und unbestimmt[94], weil terroristische Anschläge von verschiedenen Organisationen mit unterschiedlicher Motivation und Zielen durchgeführt werden. Somit scheidet eine Anerkennung „*des Terrors*" als „kriegsführende Partei" aus.

„Al Qaida" wurde niemals als „kriegsführende Partei" anerkannt[95]. Zudem müsste „Al Qaida" einen gewissen Grad an Organisiertheit aufweisen, um überhaupt als „kriegsführend" anerkannt werden zu können[96]. Allerdings ist fraglich, ob dies der Fall ist oder „Al Qaida" nicht *mittlerweile* nur noch ein loses Netzwerk darstellt[97].

---

[93] *Ipsen*, in: Ipsen, § 9, Rn. 13; *Stein/v. Buttlar*, Rn. 488.
[94] So auch *Heintze*, IPG 3/2004, S. 38 (42 f.); *Meiser/v. Buttlar*, S. 19 f.; *Städele*, S. 125.
[95] Überhaupt sind Anerkennungen von Aufständischen als „kriegsführende Parteien" heutzutage selten, vgl. *Ipsen*, in: Ipsen, § 9, Rn. 13; *Stein/v. Buttlar*, Rn. 488 f.
[96] Zu diesem Kriterium *Gaitanides*, KritV 2004, S. 129 (134).
[97] *Alston*, Rn. 55; *Schmalenbach*, JöR 2012, S. 251 (261).

Auch eröffnet die Bezeichnung „*Verbündete*" von „Al Qaida" einen weiten und kaum eingrenzbaren Auslegungsspielraum. Aufgrund der Unbestimmtheit des Begriffes werden sich jederzeit „Verbündete" von „Al Qaida" finden lassen. Die Folge wäre, dass der Drohneneinsatz gegen Gruppen, die als terroristisch eingestuft werden, nahezu jederzeit und fast überall möglich wäre[98]. Der Begriff des bewaffneten Konfliktes setzt jedoch eine räumliche Begrenzung voraus[99].

Die extensive Interpretation des bewaffneten Konflikts durch die USA widerspricht nicht nur den Grundsatz des Art. 1 Nr. 1 UNCh, den „Weltfrieden" zu wahren, sondern würde faktisch auf die Aufhebung des Gewalt- und Interventionsverbotes[100] hinauslaufen, da überall, wo sich mögliche terroristische Gruppen aufhalten, Interventionen möglich wären.

---

[98] Vgl. *Schmalenbach*, JöR 2012, S. 251 (260 f.).
[99] GBA, NStZ 2013, S. 644 (645); *Gaitanides*, KritV 2004, S. 129 (134); *Zimmermann*, MRM 2013, S. 96 (97 f.).
[100] Siehe dazu D. III.

Somit handelt es sich weder beim „Terror" noch bei „Al Qaida" um konfliktfähige Parteien i. S. d. Völkerrechts[101]. Die US-Auffassung, man befände sich in einem internationalen Konflikt mit „Al-Qaida und ihre Verbündeten" ist daher abzulehnen[102].

Vielmehr ist im Einzelfall zu betrachten, ob jeweils ein bewaffneter Konflikt vorliegt oder nicht[103]. Entscheidend ist, dass die USA sich vorbehalten, wo immer sie „Al-Qaida und ihre Verbündeten" oder im Allgemeinen „Terroristen" vermuten[104] Kampfdrohnen einzusetzen. Dies kann daher sowohl innerhalb wie außerhalb bewaffneter Konflikte geschehen[105], so dass beide Konstellationen völkerrechtlich zu überprüfen sind.

---

[101] *Bothe*, in: Graf Vitzthum/Proelß, S. 680, Rn. 128; *Greenwood*, IntAff 2002, S. 301 (314); *Vogel*, DJILP 2011, S. 101 (111).

[102] Vgl. auch GBA, NStZ 2013, S. 644 (645); *Kapaun*, S. 150; *Melzer*, Targeted Killing, S. 266; *Otto*, S. 486 f.; *Sassoli*, S. 10 f.; *Städele*, S. 214.

[103] So auch: *Gaitanides,* KritV 2004, S. 129 (131); *Städele*, S. 195; *Thürer*, ZSR 2006, S. 157 (162 f.).

[104] National Security Strategy 2010, S. 7 (Fn. 88).

[105] Auch die USA deuten mit den Presidential Policy Guidance (Fn. 51) genau dies an. Denn diese beziehen sich nur auf Drohneneinsätze *außerhalb* von „Kriegsgebieten".

II. Einsatz von US-Kampfdrohnen innerhalb bewaffneter Konflikte

Das Ziel des humanitären Völkerrechts ist es, bei bewaffneten Konflikten einen Ausgleich zwischen humanitären Erwägungen und militärischen Notwendigkeiten zu schaffen[106]. Im Mittelpunkt stehen dabei die Modalitäten der Gewaltanwendung[107].

1. Anwendbare Regeln des *ius in bello* bei US-Drohneneinsätzen

Beim Einsatz von Kampfdrohnen gelten grundsätzlich die allgemeinen völkerrechtlichen Regeln für bewaffnete Konflikte. Dies sind die vier Genfer Abkommen von 1949[108] sowie die zwei Zusatzprotokolle von 1977[109]. Alle Staaten haben die Genfer Konventionen ratifiziert – auch die USA. Allerdings sind sie nicht Vertragspartei der Zusatzprotokolle; deren Regeln finden auf die USA keine Anwendung. Jedoch können sich aus dem Völkergewohnheitsrecht Verpflichtungen ergeben, an welche die USA im

---

[106] *Frau*, VN 2013, S. 99 (102); *Schaller*, SWP Aktuell 67, 2009, S. 1; *Schönfeldt*, BRJ 2015, S. 25 (26).
[107] *Städele*, S. 161.
[108] I. – IV. Genfer Abkommen (BGBl. 1954 II, 783 ff.).
[109] ZP v. 08.06.1977 zu den Genfer Abkommen v. 12.08.1949 über den Schutz der Opfer internationaler bewaffneter Konflikte (Protokoll I); ZP v. 08.06.1977 zu den Genfer Abkommen v. 12.08.1949 über den Schutz der Opfer nicht international bewaffneter Konflikte (Protokoll II).

Rahmen ihrer Drohneneinsätze gebunden sind[110]. Insbesondere geht es dabei um die Beachtung der „*cardinal principles*"[111], also der grundlegenden völkerrechtlichen Grundsätze[112]. Dadurch sind viele Regeln der Zusatzprotokolle zu den Genfer Abkommen als Völkergewohnheitsrecht anerkannt[113]. Zudem sind die USA als Vertragspartei der HLKO[114] an die dortigen Regeln gebunden.

2. Mögliche Völkerrechtsverstöße durch US-Drohneneinsätze

a) Unterscheidungsgrundsatz
Zu den völkergewohnheitsrechtlichen Regeln des humanitären Völkerrechts gehört der Unterscheidungsgrundsatz[115]. Danach muss bei bewaffneten Konflikten jederzeit zwischen der Zivilbevölkerung und zivilen Objekten einerseits, sowie Kombattanten

---

[110] Vgl. *Gasser/Melzer*, S. 70; *Nowrot*, S. 10 f.
[111] *Nuclear weapons*, ICJ Rep. 1996, p. 226, 257, Rn. 78 (Fn. 80).
[112] *Nuclear weapons*, ICJ Rep. 1996, p. 226, 257, Rn. 79 (Fn. 80).
[113] *Gasser/Melzer*, S. 70; *Hobe*, S. 532; *Schaller*, SWP Aktuell 67, 2009, S. 1; zur völkergewohnheitsrechtlichen Anerkennung der einzelnen Grundsätze siehe D. II. 2. a), b), c), d).
[114] Deutscher Text in RGBl. 1910, S. 107 ff.
[115] *Nuclear weapons*, ICJ Rep. 1996, p. 226, 257, Rn. 78 f. (Fn. 80); *Arendt*, in: Frau, S. 19; *Henckaerts/Doswald-Beck*, S. 25 ff., Rule 7; *Kadelbach*, HuV-I 1992, S. 118 (123); *Löffelmann*, JR 2013, 496 (498); *Orr*, ILJ 2011, S. 729 (746 f.); *Otto*, S. 305 f.

und militärischen Objekten andererseits differenziert werden[116]. Unterschiedslose Angriffe sind rechtswidrig[117]. Die Tötung bewaffneter Gegner und Angriffe auf militärische Objekte sind im Zuge bewaffneter Konflikte erlaubt[118]. Die Tötung unbeteiligter Zivilpersonen indes ist grundsätzlich verboten[119].

Der Unterscheidungsgrundsatz verbietet *per se* alle Kampfmittel und -methoden, bei denen eine Differenzierung nicht möglich ist[120]. Beim Einsatz von Kampfdrohnen ist die Achtung des Unterscheidungsgebots *theoretisch-technisch* möglich, da diese aufgrund ihrer Aufklärungsfähigkeiten die Situation am Boden bestimmen[121] und der Drohnenbediener somit zwischen (geschützten) Zivilpersonen und (legitimen) Zielpersonen unterscheiden kann[122].

---

[116] *Banaszewska*, in: Frau, S. 59 (67); *Cassese*, S. 408; *Platek*, in: Frau, S. 35 (44 f.); *Wuschka*, GoJIL 3/2011, S. 891 (894); dieser völkergewohnheitsrechtliche Grundsatz ist in Art. 51 V lit. b ZP I kodifiziert.

[117] Vgl. Art. 51 Nr. 4 ZP II, sowie: *Gasser/Melzer*, S. 164; *Kadelbach*, HuV-I 1992, S. 118 (123); *Marauhn*, in: Schmidt-Radefeldt/Meissler, S. 60 (66).

[118] *Arendt*, in: Frau, S. 19 (22); *Hobe*, in: FS Walther-Schücking-Institut, S. 249 (261); *Lenckner/Sternberg-Lieben*, in: Schönke/Schröder, StGB, Vorb. § 32, Rn. 91 b; *Löffelmann*, JR 2013, 496 (498).

[119] *Lenckner/Sternberg-Lieben*, in: Schönke/Schröder, StGB, Vorb. § 32, Rn. 91 b; *O'Conell*, Unlawful Killing, S. 21; Stanford/NYU Rep., S. 112.

[120] Z. B. Flächenbombardements (*Bothe*, in: Graf Vitzthum/Proelß, S. 645, Rn. 68) u. Großeinsatz chemischer Waffen (*Gasser/Melzer*, S. 164).

[121] Vgl. A II. und B. I.

[122] Vgl. auch *Nowrot*, S. 13; *Vogel*, DJILP 2011, S. 101 (122 ff.); *Wuschka*, GoJIL 3/2011, S. 891 (897).

aa) Zivile Opfer

Hinsichtlich der Notwendigkeit, Zivilisten in bewaffneten Konflikten zu schonen, wird angeführt, dass mittels Kampfdrohnen Ziele präziser als bei Kampfflugzeugen bestimmt werden können[123]. Dadurch sei eine bessere Unterscheidung zwischen zulässigen und unzulässigen Zielen möglich; Schäden gegenüber der Zivilbevölkerung ließen sich einfacher abwenden[124]. Zudem stehe der Bediener einer Drohne, anders als ein Kampfpilot, nicht unter Zeitdruck und Kampfstress und könne daher bessere Entscheidungen i. S. d. Unterscheidungsgrundsatzes treffen[125].

Dagegen wird angeführt, dass die USA bei ihren Drohneneinsätzen *de facto* zivile Opfer in nicht unerheblicher Zahl in Kauf nähmen[126]. Schätzungen gehen davon aus, dass bis zu ein Viertel der

---

[123] Siehe B. I.
[124] *Boor*, HuV-I 2011, S. 97 (102); *Dickow/Linnenkamp*, SWP Aktuell 75, 2012, S. 3; *Fleck*, HuV-I 2011, S. 78 (79); *Schmitt*, YIHL 13 (2010), S. 311 (320); *Wuschka*, GoJIL 3/2011, S. 891 (896); zur technischen Ausstattung, die diese Zielbestimmung verbessert: *Erler*, S. 40 f.; *Orr*, ILJ 2011.
[125] *Erler*, S. 41; *Frau*, HuV-I 2011, S. 60 (64 f.); *Richter*, HuV-I 2011, S. 105 (106).
[126] *O'Conell,* Unlawful Killing, S. 20; Stanford/NYU Rep., S. 114 ff.; *Stroh*, in: Frau, S. 137 (152); laut dem *Bureau for Investigative Journalism* sind allein in Pakistan zwischen Juni 2004 und Mai 2016 zwischen 424 und 966 Zivilisten Opfer von Drohnenangriffen geworden (Fn. 21).

Opfer von US-Drohnen in Pakistan Zivilisten sind[127]. Die hohe Gesamtanzahl ziviler Opfer durch US-Drohnenangriffe habe weniger mit Aufklärungsirrtümern zu tun als mit der bewussten Entscheidung, der Ausschaltung von Zielpersonen Vorrang vor dem Schutz der Zivilbevölkerung zu geben[128]. Das gelte insbesondere bei gezielten Angriffen auf Wohnungen, Fahrzeugen und öffentlichen Plätzen, bei denen voraussehbar ist, dass es zu zivilen Opfern kommen wird[129]. Eine besondere Irrtumsanfälligkeit ergebe sich zudem durch *„signature strikes"*, bei denen Personen allein aufgrund bestimmter Verhaltensmuster zu Zielobjekten von Drohnen werden[130].

Zivilisten sind nicht das Ziel der Drohnenangriffe, sondern werden nur deshalb Opfer, weil sie sich in der Nähe eines Zielobjektes befinden (*„Kollateralschäden"*). Mit dem Unterscheidungsgrundsatz ist das vereinbar, sofern der Angriff sich gegen ein legitimes Ziel richtet, ein konkreter und unmittelbarer militärischer

---

[127] Vgl. unter A. und Fn. 21.
[128] *Richter*, HuV-I 2011, S. 105 (108).
[129] *O'Conell*, Unlawful Killing, S. 10.
[130] *Herdegen*, § 36, Rn. 19; *Kapaun*, S. 225 f.; Beispiele siehe Fn. 57.

Vorteil zu erwarten ist und keine unverhältnismäßigen Begleitschäden im Zivilbereich anzunehmen sind[131]. Letztlich dürfte die Frage, ob ein Missverhältnis zwischen militärischen Zielen und zivilen Opfern vorliegt, vom Einzelfall abhängen[132].

In der Tat ist davon auszugehen, dass Drohneneinsätze nicht mehr zivile Schäden verursachen als Angriffe durch Kampfflieger[133]. Vielmehr ermöglichen Kampfdrohnen *technisch* gesehen eine bessere Beachtung des Unterscheidungsgrundsatzes. Allerdings muss das menschliche Personal bei ihrem Einsatz mit Vorsicht und Sorgfalt agieren, um dem Unterscheidungsprinzip Rechnung zu tragen[134].

Ob die Bediener von US-Drohnen diese gebotene Sorgfalt auch tatsächlich beachten, ist indes zweifelhaft. Dass Wohnhäuser und andere zivile Einrichtungen regelmäßig zu Drohnenzielen wer-

---

[131] Vgl. Art. 51 V lit. b ZP I sowie: *Arendt*, in: Frau, S. 19 (30); *Dörmann*, in: MüKo, § 11 VStGB, Rn. 40; *Gasser/Melzer*, S. 165 f.; *Ladiges,* JuS 2011, S. 879 (883); *Müssig/Meyer*, FS Puppe, S. 1501 (1524); *Platek*, in: Frau, S. 34 (46 f.); *Safferling/Kirsch*, JA 2010, S. 81 (84); *Schmitt*, YIHL 13 (2010), S. 311 (320).

[132] *Frau*, HuV-I 2013, S. 130 (132); *Städele*, S. 284.

[133] Vgl. *Schmitt*, YIHL 13 (2010), S. 311 (321).

[134] *Vogel*, DJILP 2011, S. 101 (124).

den, dürfte nur selten mit dem Grundsatz der Verhältnismäßigkeit[135], der im Rahmen des Unterscheidungsprinzips zu beachten ist, vereinbar sein[136]. Im Regelfall ist nämlich zum Schutz unbeteiligter Zivilpersonen davon auszugehen, dass diese sich in zivilen Einrichtungen aufhalten. Daher ist vor Durchführung eines Drohnenangriffes umfassend zu prüfen, dass tatsächlich keine Zivilpersonen in solchen Einrichtungen anwesend sind.

Bei „*signature strikes*" ist die Gefahr der Missachtung des Unterscheidungsgrundsatzes beachtlich, da Verhaltensmuster leicht falsch gedeutet werden können. So kann es reiner Zufall sein, dass ein Zivilist dasselbe Haus betritt wie eine Zielperson, bereits das kann ihn aber schon zum Zielobjekt machen[137].

bb) Nicht-Soldaten als Angriffsziele

Anerkannt ist, dass Angehörige gegnerischer staatlicher Streitkräfte Kombattanten und daher legitime Ziele im Rahmen eines bewaffneten Konfliktes sind[138]. Allerdings richten sich die meis-

---

[135] *Henderson*, S. 197 ff.
[136] So auch *Löffelmann*, JR 2013, S. 496 (501 f.); *Richter*, SWP Aktuell 28, 2013, S. 2.
[137] Vgl. Beispiel Fn. 57.
[138] Vgl. dazu Art. 1 i.V.m. Art. 3 HLKO sowie Art. 43 ZP I; *Ipsen*, in: Ipsen, § 61, Rn. 40 f.; *Melzer*, S. 29; *Stroh*, HuV-I 2011, S. 73 (75); *Thym*, DÖV 2010, S. 621 (624).

ten US-Drohneneinsätze gegen Kämpfer nicht-staatlicher Gruppen, welche oft versuchen, wie Zivilisten zu wirken (Stichwort: „*Schläferzellen*")[139]. Asymmetrische Kriegsführung zeichnet sich gerade durch die Taktik der terroristischen Gruppen aus, die Unterscheidung zwischen Zivilbevölkerung und Kombattanten aufzuheben[140]. Es ist daher nicht eindeutig, wann Kämpfer nicht-staatlicher Gruppen legitime Ziele darstellen.

Eine explizite völkerrechtliche Regelung existiert nicht. Zwar beinhalten Art. 51 Nr. 3 ZP I und Art. 13 Nr. 3 ZP II[141] die Regelung, dass Zivilpersonen ausnahmsweise getötet werden dürfen. Allerdings sind die Kriterien eng: Es darf nur *solange* gegen die Personen vorgegangen werden, wie sie sich *unmittelbar* an bewaffneten Kämpfen beteiligen[142]. Sobald die Person den Durchführungsort der Feindseligkeit verlässt und die einzelne feindselige Handlung abgeschlossen ist, ist sie wieder als vom humanitären Völkerrecht geschützte Zivilperson anzusehen[143].

---

[139] *Vogel*, DJILP 2011, S. 101 (118, 121).
[140] *Lorz*, in: Schwarz, S. 53 (55 f.); *Thym*, DÖV 2010, S. 621 (627); *Vashakmadze*, ZfAS 2011, Sonderband, S. 48 (63).
[141] Völkergewohnheitsrechtlich anerkannt, *Henckaerts/Doswald-Beck,* S. 20, Rule 6.
[142] Vgl. *Gasser/Melzer*, S. 91; *Melzer*, S. 17 f.
[143] Ausführlich zur Frage des Beginns und des Endes der unmittelbaren Teilnahme an Feindseligkeiten *Melzer*, S. 80 ff.

Allerdings machen die Art. 3 GK I – IV deutlich, dass neben Zivilpersonen und denjenigen, die sich unmittelbar an Kampfhandlungen beteiligen, zwei weitere Gruppen existieren: Angehörige staatlicher Streitkräfte *und* organisierte bewaffnete Gruppen[144]. Dafür spricht die Verwendung des Wortes „Parteien". Denn in nicht-internationalen bewaffneten Konflikten gibt es regelmäßig allenfalls einen staatlichen Akteur[145]. Die Verwendung der Pluralform macht kenntlich, dass die nicht-staatlichen Gruppen genauso wie der staatliche Akteur eine „Partei" des Konfliktes darstellen. Deshalb ist anerkannt, dass Mitglieder einer bewaffneten Oppositionsgruppe legitime Angriffsziele darstellen, sofern sie eine *continuous combat function* (fortgesetzte Kampffunktion) ausüben[146]. Nach den Richtlinien des IKRK[147] gehört eine Person dann einer solchen Gruppe an, wenn sie ständig in diese eingegliedert ist, also eine fortgesetzte oder dauerhafte Funktion der

---

[144] Vgl. auch *Melzer*, S. 30 ff.
[145] Siehe D. I. 1.; ggf. auch fremde Staaten, die an der Seite des jeweiligen Staates kämpfen (vgl. dazu D. III. 2.).
[146] *v. Arnauld,* Rn. 1192; *Kapaun,* S. 218; *Melzer,* S. 37 f.; *Safferling/Kirsch,* JA 2010, S. 81 (84).
[147] Die IKRK Regeln, die hier nach *Melzer* belegt werden, sind war völkerrechtlich unverbindlich, werden aber regelmäßig zitiert und verwendet, vgl. *Fleck*, HuV-I 2011, S. 78 (79).

Person in der unmittelbaren Teilnahme an Feindseligkeiten besteht[148].

Gegen Personen mit fortgesetzter Kampffunktion darf *jederzeit* vorgegangen werden, auch wenn sie die Waffe vorübergehend weglegen und als Zivilisten auftreten[149]. Erst wenn sie sich erkennbar und dauerhaft von der bewaffneten Gruppe lösen, gelten sie nicht mehr als legitimes Ziel[150].
Die Berechtigung zum jederzeitigen militärischen Vorgehen gegen diese Personen resultiert daraus, dass dieser Kämpferstatus das Äquivalent zum Soldaten im internationalen bewaffneten Konflikt darstellt[151]. Ein Soldat verliert seinen Kombattantenstatus auch nicht dadurch, dass er die Waffe vorübergehend zur Seite legt.
Würde man die Existenz der *continuous combat function* verneinen, würden Mitglieder bewaffneter Gruppen einen erheblichen operativen Vorteil gegenüber Mitgliedern staatlicher Streitkräfte

---

[148] *Melzer*, S. 39; vgl. auch GBA, NStZ 2013, S. 644 (646); *Solis*, S. 206.
[149] GBA, NStZ 2013, S. 644 (646); *Ambos*, in: MüKo, Vorb. §§ 8 VStGB, Rn. 41 f.; *v. Arnauld*, Rn. 1192; *Kempen/Hillgruber*, S. 259, Rn. 23; *Melzer*, S. 88 f.; *Paust*, Transnat'l L. & Pol'y 19 (2010), S. 237 (271); *Rudolf/Schaller*, S. 18; *Zimmermann*, MRM 2013, S. 96 (99); ähnlich: *Kapaun*, S. 227.
[150] GBA, NStZ 2013, S. 644 (646); *Kempen/Hillgruber*, S. 259, Rn. 23; *Melzer*, S. 89 f.; *Schaller*, SWP Aktuell 67, 2009, S. 5.
[151] *Banaszewska*, in: Frau, S. 59 (78); *Platek*, in: Frau, S. 35 (45).

erlangen, die ständig angegriffen werden dürfen[152]. Die Kämpfer könnten nahezu stündlich entscheiden, ob sie legitime Ziele sind oder nicht[153]. Ein „Drehtüreffekt" wäre die Folge[154].

Allerdings darf die Anerkennung der *continuous combat function* nicht dazu führen, das Unterscheidungsprinzip faktisch aufzuheben. Daher muss in Zweifelsfällen – zum Schutz der unbeteiligten Zivilbevölkerung – davon ausgegangen werden, dass keine Teilnahme der Person an Feindseligkeiten und keine *continuous combat function* vorliegt – ihre Tötung ist dann verboten[155].

Für die US-Drohneneinsätze gilt daher, dass sie den Unterscheidungsgrundsatz wahren, wenn sie Personen töten, die sich unmittelbar an Feindseligkeiten beteiligen oder die eine fortgesetzter Kampffunktion erfüllen. Auch die Führungskräfte bewaffneter privater Gruppen sind legitime Ziele[156]. Allerdings müssen die

---

[152] *Melzer*, S. 89.
[153] *Melzer*, S. 89: „Diese Ungleichheit würde organisierte bewaffnete Gruppen dazu ermutigen, tagsüber als Bauern und nachts als Kämpfer aufzutreten."
[154] *Kempen/Hillgruber*, S. 259, Rn. 23.
[155] *Boor*, HuV-I 2011, S. 97 (102); *Dreist*, in: Schöbener, S. 156; *Erler*, S. 51; Kapaun, S. 225; *Löffelmann*, JR 2013, 496 (499); *Melzer*, S. 91; *Richter*, HuV-I 2011, S. 105 (111); *Vashakmadze*, ZfAS 2011, Sonderband, S. 48 (66).
[156] Vgl. *Becker*, DÖV, S. 493 (497).

USA bei Personen, die sich aktuell nicht an Feindseligkeiten beteiligen bzw. Waffen tragen, prüfen, ob diese sich von der bewaffneten nicht-staatlichen Gruppe losgesagt haben, d. h. ob sie noch die *continuous combat function* erfüllen. Ob sich die USA an diese Vorgaben halten, wird teilweise bezweifelt[157]. Für eine Bewertung wird letztlich auf den Einzelfall abzustellen sein.

Zudem wird darüber berichtet, dass sich US-Drohneneinsätze auch gegen Personen richten, die im Verdacht stehen, Terrorakte finanziell oder politisch zu unterstützen oder öffentlich Anschläge zu propagieren („*Hassprediger*")[158]. Bei ihnen handelt es sich nicht um legitime Ziele, da von diesen Personen keine bewaffneten Feindseligkeiten ausgehen[159]. Ihre Tötung verstößt damit gegen das Unterscheidungsgebot[160].

---

[157] Laut *Becker*, DÖV 2013, 493 (497) ist „völlig unbekannt" wie die US-Armee und der CIA mit den Kriterien der Zieleignung umgehen. Vgl. auch *Rudolf/Schaller*, S. 6; Stanford/NYU Rep., S. 13 f.

[158] *Richter*, SWP Aktuell 28, 2013, S. 3.

[159] Vgl. *Melzer*, Targeted Killing, S. 341, 345; *Melzer*, S. 39 f.; auch sind sie keine „Schreibtischtäter", d. h. Personen, die im Hintergrund die taktischen und militärischen Entscheidungen treffen. Gegen diese wäre ein Vorgehen zulässig, vgl. *Becker*, DÖV, S. 493 (497).

[160] So auch *Boor*, HuV-I 2011, S. 97 (101); *Dörmann*, in: MüKo, § 11 VStGB, Rn. 40; *Melzer*, S. 40; *Richter*, SWP Aktuell 28, 2013, S. 3.

cc) Zwischenergebnis

Der Einsatz von US-Drohnen gegen Wohnhäuser, Verdachtspersonen (*„signature strikes"*) und „Hassprediger" sprechen dafür, dass die Einsatzparameter der USA dem Unterscheidungsgebot in tatsächlicher Hinsicht nicht hinreichend Rechnung tragen. Ein Teil der US-Kampfdrohneneinsätze steht dadurch im Widerspruch zum Unterscheidungsgrundsatz.

b) Verbot unnötigen Leidens und überflüssiger Verletzungen

Auch das Verbot, Waffen einzusetzen und Methoden der Kriegsführung anzuwenden, die geeignet sind, unnötiges Leiden und überflüssige Verletzungen zu verursachen, gehört zu den Grundsätzen des humanitären Völkerrechts[161] und findet sich schon in Art. 23 lit. e HLKO.

Im Zusammenhang mit diesem Verbot wird die Frage diskutiert, ob eine Pflicht besteht, feindliche Kämpfer nach Möglichkeit nicht zu töten, sondern stattdessen gefangen zu nehmen. Eine solche Verpflichtung träfe dann auch die USA im Rahmen ihrer Drohneneinsätze.

---

[161] *Nuclear weapons*, ICJ Rep. 1996, p. 226, 257, Rn. 78 (Fn. 80); *Henckaerts/Doswald-Beck*, S. 237 ff., Rule 70; *Hobe*, S. 547; *Seiring*, in: Frau, S. 83 (87); auch verankert in auch Art. 35 II ZP I.

Teilweise wird vertreten, dass eine Pflicht zur Gefangennahme nur dann vorliege, wenn der feindliche Kämpfer verwundet ist oder sich ergibt; eine völkergewohnheitsrechtliche Pflicht zu einem milderen Mittel bestehe ansonsten nicht[162].

Nach der Gegenauffassung müssen mildere Mittel zur Anwendung kommen, soweit dazu eine Gelegenheit gegeben ist[163]. Dies soll der Fall sein, wenn genügend Kontrolle über ein Territorium vorliegt und keine wesentlichen Gefahren für Unbeteiligte und eigene Leute mit der Gefangennahme einhergehen[164].

Die erste Auffassung lässt sich damit begründen, dass Art. 3 GK I – IV und Art. 41 Nr. 2 lit. b ZP I eine Pflicht zur Gefangennahme ausschließlich für Soldaten statuieren, die sich ergeben oder verwundet sind. Zudem lässt die Formulierung „Verhinderung unnötigen Leidens" den Schluss zu, dass eine bestimmte, grausame Art der Tötung verboten ist, jedoch nicht die Tötung als solche.

---

[162] *Henderson*, S. 87 ff.; *Frau*, HuV-I 2011, S. 60 (66); *Rudolf/Schaller*, S. 21.
[163] *Alston*, Rn. 76 f.; *Becker*, DÖV, S. 493 (497); *Boor*, HuV-I 2011, S. 97 (102); *Fleck*, HuV-I 2011, S. 80 (80); *Melzer*, Targeted Killing, S. 294 f.; *Melzer*, YIHL 9 (2006), S. 87 (94); *Pictet*, S. 75 f.; *Vashakmadze*, ZfAS 2011, Sonderband, S. 48 (66).
[164] *Fleck*, HuV-I 2011, S. 80 (80); *Melzer*, YIHL 9 (2006), S. 87 (111 f.).

Indes sollen auch „überflüssige Verletzungen" verhindert werden. Ist eine Gefangennahme möglich, so ist die Tötung überflüssig. Für sie besteht keine militärische Notwendigkeit. Das humanitäre Völkerrecht lässt militärisch notwendige Maßnahmen zu; ist ein Vorgehen jedoch nicht notwendig, so ist es rechtswidrig[165]. Im *ius in bello* gibt es demnach kein uneingeschränktes Recht zum Töten[166]. Zudem gelten in bewaffneten Konflikten die Grundsätze der Verhältnismäßigkeit[167] und der Menschlichkeit[168]. Es widerspricht diesen Grundsätzen, eine Person zu töten, bei der eine Gefangennahme möglich und mithin ein letaler Waffeneinsatz überflüssig ist.

Im Rahmen der US-Drohneneinsätze gilt daher, dass die USA dort, wo sie Gebietshoheit haben (ggf. auch gemeinsam mit ihren Verbündeten) und sie die Zielperson ohne großes Risiko gefangen nehmen können, primär von dieser Möglichkeit Gebrauch machen müssen. Für die meisten Länder, in denen US-Drohnen

---

[165] *Melzer*, YIHL 9 (2006), S. 87 (109); *O'Conell*, Unlawful Killing, S. 23 f.
[166] *Alston*, Rn. 76.
[167] *Gasser/Melzer*, S. 95; *Henckaerts/Doswald-Beck*, S. 48 f., Rule 14; *Henderson*, S. 197 ff.
[168] *v. Arnauld*, Rn. 1129; *Becker*, DÖV, S. 493 (497); *O'Conell*, Unlawful Killing*, S. 24.

eingesetzt werden, wird dies mangels Gebietshoheit nicht praktisch relevant sein[169]. Die US-Regierung gibt selbst an, sich dort wo möglich, um eine Gefangennahme zu bemühen[170].

c) Perfidieverbot

Das in Art. 37 I ZP I niedergelegte Verbot heimtückischer Kriegsführungsmethoden (Perfidieverbot) ist völkergewohnheitsrechtlich anerkannt[171]. Dieses Verbot könnte im Falle der US-Drohneneinsätze dadurch verletzt sein, dass die Zielpersonen die Drohnen oftmals gar nicht bemerken, die Schädigung also „aus heiterem Himmel" kommt[172]. Allerdings setzt das heimtückische Element voraus, dass der Angreifer sich das Vertrauen der Zielperson aktiv erschleicht, so dass diese sich in falscher Sicherheit wiegt[173]. Ein besonderes Vertrauensverhältnis zum US-Militär wird nicht aufgebaut, vielmehr nutzt dieses die technische Möglichkeit von Drohnen, den Gegner möglichst lautlos zu töten[174].

---

[169] *Fleck*, HuV-I 2011, S. 78 (80); *Seiring*, in: Frau, S. 84 (101).
[170] Presidential Policy Guidance, S. 1 (Fn. 51).
[171] *v. Arnauld*, Rn. 1203; *Kadelbach*, HuV-I 1992, S. 118 (123).
[172] Vgl. *Frau*, HuV-I 2011, S. 60 (65).
[173] *Erler*, S. 43; *Frau*, HuV-I 2011, S. 60 (65); *Henckaerts/Doswald-Beck*, S. 223; *Melzer*, Targeted Killing, S. 414 f.; *Schönfeldt*, BRJ 2015, S. 25 (32); verankert in Art. 37 I 2 ZP I.
[174] *Schönfeldt*, BRJ 2015, S. 25 (32 f.).

Dies stellt keinen Verstoß gegen das Perfidieverbot dar, sondern liegt im Bereich erlaubter Kriegslist[175].

d) Pardongebot

Kombattanten, die *„hors de combat"* sind, die also die Waffen strecken, sowie Personen, die verwundet oder wehrlos sind, müssen gemäß Art. 3 Nr. 1 GK I – IV von Schädigungshandlungen verschont bleiben (Pardongebot)[176]. Bei Kampfdrohnen stellt sich hier ein praktisches Problem: Wie sollen sich Menschen einer Maschine gegenüber ergeben[177]? Eine Gefangennahme durch eine Drohne ist schon technisch nicht möglich[178]. Allerdings besteht dieses Problem auch bei Kampfjets[179].
Die Besonderheit bei Kampfdrohnen ist jedoch, dass diese sich relativ langsam bewegen, eine recht genaue Zielaufklärung vornehmen und lange in der Luft bleiben können. Dadurch hat der Drohnenpilot die Möglichkeit, eine Kapitulation oder Kampfunfähigkeit eines Kämpfers wahrzunehmen und eine Bewachung

---

[175] So auch *Fleck*, HuV-I 2011, S. 78 (79); *Marauhn*, in: DSF 2013, S. 26 (39); *Nowrot*, S. 14; *Schönfeldt*, BRJ 2015, S. 25 (33); zum Begriff der „erlaubten Kriegslist" *Ipsen*, in: Ipsen, § 61, Rn. 20.

[176] Auch gewohnheitsrechtlich anerkannt, vgl. *Gasser/Melzer,* S. 57; *Henckaerts/Doswald-Beck*, S. 164; *Kadelbach*, HuV-I 1992, S. 118 (122 f.).

[177] Vgl. *Vogel*, DJILP 2011, S. 101 (128 f.).

[178] *Seiring*, in: Frau, S. 84 (84); *Schönfeldt*, BRJ 2015, S. 25 (34).

[179] *Nowrot*, S. 15.

bis zur Übernahme durch Bodentruppen sicherzustellen[180]. Aus diesem Grund sind Drohnenpiloten nicht von ihren völkerrechtlichen Pflichten gegenüber sich ergebenden oder wehrlosen Kombattanten entbunden. Vielmehr muss der Drohnenangriff unverzüglich abgebrochen werden, wenn die Zielpersonen die Waffen strecken oder kampfunfähig sind[181].

Ob die US-Drohneneinsätze diesen Grundsatz umsetzen, lässt sich angesichts der „*double tap strikes*"[182] bezweifeln, bei denen die Drohne eine Zielperson kurz nach dem ersten Angriff nochmals attackiert. In diesen Fällen kann es passieren, dass die Zielperson durch den ersten Drohnenangriff verwundet ist. Obwohl das eigentlich zu einem Verbot des zweiten Angriffes führt, findet dieser dennoch statt. Insofern wohnt der Taktik des „*double tap strikes*" eine permanente Gefährdung der Verletzung des humanitären Völkerrechts inne.

---

[180] *Vogel*, DJILP 2011, S. 101 (128).
[181] *Frau*, HuV-I 2011, S. 60 (66); *Schönfeldt*, BRJ 2015, S. 25 (34).
[182] *Taylor, Jerome* (2012): Outrage at CIA's deadly 'double tap' drone attacks, in: Independent, 25.09.2012, http://www.independent.co.uk/news/world/americas/outrage-at-cias-deadly-double-tap-drone-attacks-8174771.html, zuletzt abgerufen am 25.07.2016.

3. Ergebnis

US-Drohneneinsätze verstoßen nicht gegen das Perfidieverbot und regelmäßig auch nicht gegen das Verbot unnötigen Leidens und überflüssiger Verletzungen. Jedoch wird der Unterscheidungsgrundsatz durch die konkrete Durchführung der Angriffe zum Teil verletzt. Dem Pardongebot kommen die USA aufgrund der Strategie der „*double tap strikes*" vermutlich nicht hinreichend nach. Im Ergebnis verstoßen US-Drohneneinsätze in bewaffneten Konflikten teilweise gegen die Grundsätze des humanitären Völkerrechts.

III. Einsatz von US-Kampfdrohnen außerhalb bewaffneter Konflikte

Der Einsatz von Kampfdrohnen durch die USA außerhalb bewaffneter Konflikte muss sich an den Vorschriften des Friedensvölkerrechts messen lassen.

1. Gewaltverbot, Art. 2 Nr. 4 UNCh

In Art. 2 Nr. 4 UNCh ist das Gewaltverbot verankert. Es handelt sich um eine zwingende Norm des Völkerrechts (*ius cogens*)[183]. Die US-Drohneneinsätze könnten zu ihm in Widerspruch stehen.

---

[183] IGH, *military and Paramilitary Activities in and against Nicaragua (Nicaragua v. USA)*, ICJ Rep. 1986, p. 14, 90, Rn. 190 ff.; *Kempen/Hillgruber*,

a) Begriff der Gewalt

Militärische Waffengewalt ist immer als Gewalt i. S. d. Art. 2 Nr. 4 UNCh zu klassifizieren[184]. Der Einsatz bewaffneter US-Drohnen in fremden Staatsgebiet fällt daher unter den Gewaltbegriff[185]. Das gilt in besonderer Weise, da der Luftraum eines Staates für militärische Fahrzeuge eines anderen Staates geschlossen ist[186].

b) Zielgerichtetheit der Gewaltanwendung

Unklar ist, ob eine bestimmte Zielgerichtetheit der Gewaltanwendung erforderlich ist.

Aufgrund des Wortlautes des Art. 2 Nr. 4 UNCh wird teilweise angenommen, dass nur eine bestimmte Zielrichtung der Gewaltanwendung verboten ist – und zwar diejenige, die sich gegen die „territoriale Unversehrtheit oder die politische Unabhängigkeit

---

S. 226, Rn. 80; *Stein/v. Buttlar*, Rn. 773; zu Begriff und Bedeutung des *ius cogens*: *Kadelbach*, HuV-I 1992, S. 118 ff.; *Randelzhofer/Dörr*, in: Simma u. a., Art. 2 (4), Rn. 1.

[184] *Bothe*, in: Graf Vitzthum/Proelß, S. 600, Rn. 10; *Randelzhofer/Dörr*, in: Simma u. a., Art. 2 (4), Rn. 16; *Schmitt*, YIHL 13 (2010), S. 311 (315); *Städele*, S. 67; *Stein/v. Buttlar*, Rn. 774.

[185] A.A.: *Sofaer*, EJIL 2003, S. 209 (223), aus dessen Sicht legitime Gewaltanwendung kein Verstoß gegen das Gewaltverbot darstellt. Da allerdings militärische Gewalt allgemein als Verstoß gegen das Gewaltverbot anerkannt ist, ist dieser Auffassung nicht zu folgen.

[186] *Frau*, HuV-I 2013, S. 130 (130).

eines Staates" richtet[187]. Dieser Ansicht folgend könnte im Einsatz bewaffneter US-Drohnen kein Verstoß gegen das Gewaltverbot zu sehen sein. Denn Kampfdrohnen richten sich *ausschließlich* gegen bestimmte Zielpersonen, nicht aber gegen die territoriale Unversehrtheit oder die politische Unabhängigkeit eines Staates.

Allerdings ist die Notwendigkeit einer bestimmten Zielgerichtetheit der Gewaltanwendung zu verneinen. Der Wortlaut des Art. 2 Nr. 4 UNCh ist zwar missverständlich. Sein Zweck ist es aber lediglich, besonders schwere Verstöße gegen das Gewaltverbot zu betonen[188]. Dies unterstreicht auch die generalklauselartige Formulierung in Art. 2 Nr. 4 UNCh, die jede „sonst mit den Zielen der Vereinten Nationen unvereinbare" Gewaltanwendung verbietet und als Auffangklausel dient[189]. Die Aufnahme des fraglichen Zusatzes ging auf Drängen kleinerer Staaten zurück, die hierdurch schwere Rechtsbrüche herausstellen wollten[190].

---

[187] *Bowett*, S. 152.
[188] *v. Arnauld*, Rn. 1017; *Dinstein*, S. 89 f.
[189] *v. Arnauld*, Rn. 1017.
[190] *Kempen/Hillgruber*, S. 227 f., Rn. 83; *Randelzhofer/Dörr*, in: Simma u. a., Art. 2 (4), Rn. 39; *Schöbener*, in: Schöbener, S. 132; *Städele*, S. 73 f.; *Stein/v.Buttlar*, Rn. 776.

Zudem ist der systematische Zusammenhang zu Art. 1 Nr. 1 und Art. 2 Nr. 3 UNCh zu beachten[191]. Danach haben die UN das Ziel, den „Weltfrieden" zu wahren. Der Einsatz von Kampfdrohnen in fremden Ländern stellt jedoch eine Gefahr für den Weltfrieden dar, weil es dadurch zu weiteren Eskalationen kommen kann, die zu mehr Gewalt führen („Gewaltspirale"). Denn auch wenn die USA ihre Drohnen nicht zweckgerichtet gegen die territoriale Integrität eines Staates einsetzen, so könnte der betroffene Staat den Überflug einer Drohne in seinem Staatsgebiet als Verletzung seiner Souveränität[192] begreifen und Gegenmaßnahmen einleiten. Außerdem könnte jeder Staat, ließe man eine tatbestandliche Einschränkung zu, in anderen Staaten Kampfdrohnen einsetzen, solange er angibt, *nur* „Terroristen" ausschalten zu wollen. Die internationalen Folgen wären verheerend. Eine Erosion des Gewaltverbotes wäre die Folge[193].

Auch der IGH hat einen Verstoß gegen das Gewaltverbot anerkannt, obwohl der angreifende Staat sich darauf berufen hatte,

---

[191] *Dinstein*, S. 90; *v. Heinegg*, in: Ipsen, § 51, Rn. 32; vgl. auch *Randelzhofer/Dörr*, in: Simma u. a., Art. 2 (4), Rn. 38.
[192] Anders wäre freilich der Fall, wenn eine Zustimmung vorliegt, vgl. D. III. 2.
[193] *Städele*, S. 74.

dass sein Angriff nicht gegen die politische Unabhängigkeit gerichtet gewesen sei[194]. Im Ergebnis ist eine bestimmte Zielgerichtetheit der Gewaltanwendung nicht notwendig[195].

c) Zwischenstaatlichkeit

Die in Art. 2 Nr. 4 UNCh geforderte Zwischenstaatlichkeit („in ihren internationalen Beziehungen") liegt vor, wenn die Gewaltausübung durch einen Staat gegenüber einem anderen Staat erfolgt[196]. Zwar richten sich die US-Drohneneinsätze nicht gegen einen anderen Staat, sondern gegen bestimmte Personen und nicht-staatliche Organisationen. Jedoch ist das internationale Moment eines Konfliktes bereits dann erfüllt, wenn die Gebietshoheit eines fremden Staates betroffen ist[197]. Bei US-Drohneneinsätzen ist das der Fall[198]. Dies gilt auch bei Drohneneinsätzen in

---

[194] IGH, *Armed Activities on the Territory of the Congo (Congo vs. Uganda)*, Judgment of 19 December 2005, ICJ Rep. 2005, p. 168, 227, Rn. 163.
[195] So auch die h. M., vgl. nur: *v. Arnauld*, Rn. 1017; *Kempen/Hillgruber*, S. 227, Rn. 83; *Randelzhofer/Dörr*, in: Simma u. a., Art. 2 (4), Rn. 37 ff.; *Schöbener*, in: Schöbener, S. 132.
[196] *Kempen/Hillgruber*, S. 228, Rn. 86.
[197] *Kreß*, S. 213.
[198] Sofern keine Zustimmung vorliegt, vgl. D. III. 2.

failed states[199], da diese ihren Staatscharakter nicht verlieren und somit durch das Gewaltverbot geschützt sind[200].

d) Zwischenergebnis

Gezielte Tötungen mittels bewaffneter US-Drohnen verstoßen gegen Art. 2 Nr. 4 UNCh. Zudem steht die Militärpraxis im Widerspruch zum Interventionsverbot[201]. Denn jeder Verstoß gegen das Gewaltverbot stellt zugleich einen Verstoß gegen das Interventionsverbot dar[202].

2. Rechtfertigung[203] durch Zustimmung

Eine Zustimmung des betroffenen Staates kann die Verletzung seiner Gebietshoheit legalisieren[204], vgl. Art. 20 ILC-Entwurf[205].

---

[199] Zum Begriff *Stein/v. Buttlar*, Rn. 316.

[200] *v. Arnauld*, Rn. 1018; *Bothe*, in: Graf Vitzthum/Proelß, S. 603, Rn. 13; *v. Heinegg*, in: Ipsen, § 51, Rn. 20; *Krajewski*, AVR 40 (2002), S. 183 (209).

[201] Dieses wird aus Art. 2 Nr. 1 UNCh sowie dem Gewohnheitsrecht gefolgert, s. *Kempen/Hillgruber*, S. 167, Rn. 8.

[202] *v. Arnauld*, Rn. 1011; *v. Heinegg*, in: Ipsen, § 51, Rn. 50.

[203] Bereits der Tatbestand des Gewaltverbotes wird durch die Einwilligung ausgeschlossen, vgl. *v. Arnauld*, Rn. 414.

[204] *Congo*, ICJ Rep. 2005, p. 168, 196 ff., Rn. 142 ff. (Fn. 194); *Cassese*, S. 370 f.; *Frau*, HuV-I 2013, S. 130 (130); *v. Heinegg*, in: Ipsen, § 51, Rn. 35; *Hobe*, in: FS Walther-Schücking-Institut, S. 249 (260); *Kapaun*, S. 59 f.; *Orr*, ILJ 2011, S. 729 (736); *Rudolf/Schaller*, S. 11; *Städele*, S. 76 f.

[205] UN Doc. A/RES/56/83 v. 28.01.2002. Der ILC-Entwurf wurde zwar von der Generalversammlung beschlossen, ist aber kein bindendes Völkerrecht.

Denn einem Staat steht es kraft seines Souveränitätsrechts frei, fremde Truppen im eigenen Land zuzulassen[206]. Dies lässt die betroffenen Bürger nicht hilflos zurück, da sie weiterhin dem Schutz der Menschenrechtsregeln unterliegen, zu deren Verletzung der Staat nicht zustimmen kann[207].

Die Frage der Zustimmung von Staaten zu US-Drohneneinsätzen in ihrem Land ist nicht nur hypothetisch relevant[208]. So finden die Drohnenangriffe in Afghanistan mit Zustimmung der dortigen Regierung statt[209]. Aus den durch WikiLeaks bekannt geworden Depeschen des US-Außenministeriums geht zudem hervor, dass der frühere jemenitische Präsident Ali Abdullah Salih die Drohnenangriffe in seinem Land mit den Worten „*We'll continue*

Es handelt sich aber in weiten Teilen um eine Kodifizierung des Völkergewohnheitsrechtes, s. *Schröder*, in: Graf Vitzthum/Proelß, S. 546 f., Rn. 7; *Hobe*, S. 313; *Weigelt*, S. 30.

[206] *Städele*, S. 76.
[207] *Kapaun*, S. 62; *Rudolf/Schaller*, S. 12; *Schmitt*, YIHL 13 (2010), S. 311 (315).
[208] Die USA berufen sich unter anderem auf die Legalität der Einsätze durch Zustimmung der betroffenen Staaten, vgl. *Holder, Eric*: Attorney General Eric Holder Speaks at Northwestern University School of Law, Speech, Northwestern University School of Law, Evanston, Illinois, 05.03.2012, https://www.justice.gov/opa/speech/attorney-general-eric-holder-speaks-northwestern-university-school-law, zuletzt abgerufen am 23.07.2016.
[209] *Boor*, HuV 2011, 97 (101).

saying the bombs are ours, not yours" zugestimmt hat[210]. Sein Nachfolger erklärte seine Zustimmung sogar öffentlich[211]. Auch hinsichtlich der pakistanischen Regierung geht man davon aus, dass – jedenfalls zeitweise – eine Zustimmung zu den US-Drohneneinsätzen vorlag, auch wenn das Land regelmäßig öffentlich protestierte[212]. Hierfür spricht die Äußerung des bis 2012 regierenden pakistanischen Premierministers Yousaf Raza Gilani von 2008: *„I don't care if they do it as long as they get the right people. We'll protest in the national assembly and then ignore it"*[213]. Zudem haben die USA Pakistan vermutlich bei der Zielauswahl für die Drohnenangriffe beteiligt[214]. Berichten zufolge

---

[210] *Shane, Scott* (2011): Leaked Cables Offer Raw Look at U.S. Diplomacy, in: The New York Times, 29.12.2011, http://www.nytimes.com/2010/11/29/world/29cables.html?pagewanted=2, zuletzt abgerufen am 14.06.2016.

[211] Ebd.

[212] *Benjamin*, S. 118; *Frau*, HuV-I 2013, S. 130; *Orr*, ILJ 2011, S. 729 (733, 736); *Richter*, SWP Aktuell 28, 2013, S. 4; (130); *Schaller*, HuV-I 2011, S. 91 (94).

[213] *Walsh, Declan* (2012): WikiLeaks cables: US and Pakistan play down impact of ‚mischief', in: The Guardian, 01.12.2012, https://www.theguardian.com/world/2010/dec/01/wikileaks-us-pakistan, zuletzt abgerufen am 14.06.2016.

[214] *Mayer, Jane* (2009): The Predator War - What are the risks of the C.I.A.'s covert drone program?, in: The New Yorker, 26.10.2009, http://www.newyorker.com/magazine/2009/10/26/the-predator-war, zuletzt abgerufen am 23.07.2016.

wurde die Zustimmung aber 2011 wohl zurückgezogen[215]. Festzuhalten ist: Liegt eine Zustimmung des Staates vor, dessen Gebietshoheit betroffen ist, stellt ein US-Drohneneinsatz keine Verletzung des Gewaltverbotes dar.

3. Rechtfertigung durch das Selbstverteidigungsrecht

Liegt keine Zustimmung des betroffenen Staates vor, kann eine Rechtfertigung der Verletzung des Gewaltverbotes nur durch das Selbstverteidigungsrecht nach Art. 51 UNCh oder eine Ermächtigung des UN-Sicherheitsrates nach Kapitel VII der UNCh in Betracht kommen. Eine Ermächtigung nach Kapitel VII für US-Drohneneinsätze liegt unzweifelhaft nicht vor[216].

Beim Selbstverteidigungsrecht handelt es sich um ein natürliches Recht, das nicht durch den UN-Sicherheitsrat erteilt werden muss[217]. Die USA berufen sich explizit auf das Selbstverteidigungsrecht nach Art. 51 S. 1 UNCh[218] und begründen dies damit,

---

[215] O. V. (2011): Pakistan says U.S. drones in its air space will be shot down, in: NBC News, 10.12.2011, http://world-news.nbcnews.com/_news/2011/12/10/9352886-pakistan-says-us-drones-in-its-air-space-will-be-shot-down, zuletzt abgerufen am 14.06.2016; *Jahn-Koch/Koch*, in: FS Walther-Schücking-Institut, S. 265 (265 f.).
[216] Vgl. auch: *Boor*, HuV-I 2011, 97 (102); *Richter*, HuV-I 2011, 105 (109).
[217] *Becker*, DÖV, S. 493 (494); *Städele*, S. 89.
[218] *Koh, Harold*, Speech (Fn. 10); *Holder, Eric*, Speech (Fn. 208).

dass sie Ziel von Terroranschlägen waren und weiterhin sind[219]. Bedingung für das Bestehen des Selbstverteidigungsrechtes ist das Vorliegen eines „bewaffneten Angriffs".

a) Angriffsintensität
Der Wortlaut „bewaffneter Angriff" verdeutlicht, dass es sich um etwas anderes als „Gewalt" i. S. d. Art. 2 Nr. 4 UNCh handeln muss[220]. Nicht jede Gewaltanwendung stellt zugleich einen bewaffneten Angriff dar[221]. Vielmehr ist eine *besonders schwere* Form der Gewaltanwendung notwendig[222]. Um diese besondere Schwere festzustellen, wird auf die *Angriffsintensität* abgestellt[223]. Danach liegt ein bewaffneter Angriff vor, wenn eine Ge-

---

[219] *Obama, Barack*, Remarks by the President at the National Defense University, Speech, National Defense University, Fort McNair, Washington, D.C., 23.05.2013, https://www.whitehouse.gov/the-press-office/2013/05/23/remarks-president-national-defense-university, zuletzt abgerufen am 23.07.2016; *Koh, Harold,* Speech (Fn. 10); vgl. auch *Dickow/Linnenkamp*, SWP Aktuell 75, 2012, S. 3.

[220] Vgl. *Randelzhofer/Nolte*, in: Simma u. a., Art. 51, Rn. 6; *Städele*, S. 90 f.

[221] *v. Heinegg*, in: Ipsen, § 52, Rn. 7; *Hobe*, in: Schöbener, S. 45; *Randelzhofer/Nolte*, in: Simma u. a., Art. 51, Rn. 7.

[222] *Nicaragua*, ICJ Rep. 1986, p. 14, 101, Rn. 191 (Fn. 183); IGH, *Oil Platforms (Islamic Republic of Iran v. United States of America)*, Judgment, ICJ Rep. 2003, p. 161, 187, Rn. 51.

[223] *Bothe*, in: *Graf Vitzthum/Proelß*, S. 606, Rn. 19; *v. Heinegg*, in: Ipsen, § 52, Rn. 7; *Krajewski*, AVR 40 (2002), S. 183 (200).

waltanwendung ausgeübt wird, die hinsichtlich ihrer Auswirkungen und ihres Ausmaßes eine gewisse Intensität erreicht hat[224]. Diese muss über die Gewaltintensität des Art. 2 Nr. 4 UNCh hinausgehen. Das allein reicht aber noch nicht aus, um das Selbstverteidigungsrecht auszulösen[225]. Oft wird zur Konkretisierung Art. 3 der Aggressionsdefinition[226] herangezogen[227]. Die notwendige Angriffsintensität ist danach erreicht, wenn ein Vorgehen mit *militärischer* Gewalt vorliegt[228]. Notwendig ist zudem eine hinreichende Organisiertheit der Angreifer[229].

---

[224] *Nicaragua*, ICJ Rep. 1986, p. 14, 103, Rn. 195 (Fn. 183); *Oil Platforms*, ICJ Rep. 2003, p. 161, 186 f., Rn. 51 (Fn. 222); *Bothe*, in: *Graf Vitzthum/Proelß*, S. 606, Rn. 19; *Hobe*, in: Schöbener, S. 45; *Schulze*, Selbstverteidigung, in: Wolfrum, S. 753 (755).

[225] *Bothe*, in: *Graf Vitzthum/Proelß*, S. 606, Rn. 19; *Dinstein*, S. 208; *Randelzhofer/Nolte*, in: Simma u. a., Art. 51, Rn. 20; *Schulze*, Selbstverteidigung, in: Wolfrum, S. 753 (759).

[226] UN Doc. A/RES/3314 (XXI) v. 14.12.1974.

[227] Obwohl sich die Aggressionsdefinition auf die „*Angriffshandlung*" bezieht, nicht auf den „*bewaffneten Angriff*", ist eine Indizwirkung anzunehmen, vgl. *Dederer*, JZ 2004, S. 421 (424); *v. Heinegg*, in: Ipsen, § 52, Rn. 8; *Hobe*, in: Schöbener, S. 46.

[228] *v. Heinegg*, in: Ipsen, § 52, Rn. 9; *Hobe*, in: Schöbener, S. 45; *Zimmer*, S. 59.

[229] ICTY, *Prosecutor v. Ljube Boskoski, Johan Tarculovski*, Judgment, 10.07.2008, Case No. IT-04-82-T, Rn. 277.

Die USA bewerten die Terroranschläge vom 11.09.2001 als bewaffneten Angriff[230]. Am 11.09.2001 starben etwa 3.000 Menschen, als zwei Flugzeuge in das World Trade Center und eines auf das Pentagon gelenkt wurden. Verantwortlich für die Terroranschläge war „Al-Qaida". Die Anschläge wurden detailliert und langfristig geplant[231]. Die Zahl der Opfer ging weit über andere terroristische Attacken hinaus. Der Grad der Organisiertheit der Attacken und die sehr große Anzahl von Opfern sprechen dafür, dass das Ausmaß und die Auswirkungen dieser Anschläge erheblich waren. Sie glichen in ihrer Intensität dem, was man nur von militärischen Angriffen kennt[232].
Insbesondere lässt sich ein Vergleich zu einem Bombardement ziehen[233], welches typischerweise kennzeichnend für eine Angriffshandlung ist, vgl. Art. 3 lit. b der Aggressionsdefinition. Auch wies das Terrornetzwerk „Al-Qaida" (zum Zeitpunkt der

---

[230] *Koh, Harold,* Speech (Fn. 10).
[231] Vgl. ausführlich *Czieche, Dominik* u. a.: Dossier. Fakten zum 11. September, in: Spiegel Online, 07.09.2006, http://www.spiegel.de/spiegelspecial/a-435547.html, zuletzt abgerufen am 01.09.2016.
[232] Vgl. *Dederer,* JZ 2004, S. 421 (424 f.); *Hobe,* in: Schöbener, S. 46.
[233] Vgl. *Bruha,* AVR 40 (2002), S. 383 (394); *Krajewski,* AVR 40 (2002), S. 183 (200).

Anschläge) eine hinreichende Organisiertheit auf[234], wie man sie sonst nur von militärischen Strukturen kennt. Die Intensitätsschwelle für einen bewaffneten Angriff auf die USA ist somit überschritten[235].

b) Gegenwärtigkeit des Angriffs

Problematisch ist die Frage, ob ein „gegenwärtiger" bewaffneter Angriff vorliegt. Die Anschläge vom 11.09.2001 liegen 15 Jahre zurück. Seitdem hat es keine Anschläge mit vergleichbarer Intensität auf die USA gegeben. Drohnenangriffe werden zudem sorgfältig vorbereitet[236] und sind selten eine Reaktion auf einen aktuell stattfindenden Angriff. Zwar legt der deutsche Wortlaut des Art. 51 S. 1 UNCh nicht unbedingt nahe, dass ein gegenwärtiger Angriff erforderlich ist. Der englische Wortlaut ist jedoch eindeutig (*„If an armed attac occurs"*). Daher ist Voraussetzung für das

---

[234] *Orr*, ILJ 2011, S. 729 (743 f.); Anmerkung: In Fn. 97 wird vertreten, dass Al-Qaida mittlerweile nicht mehr die hinreichende Organisiertheit aufweist, zum Zeitpunkt der Anschläge am 11. September 2001 war dies indes gegeben.

[235] Allgemeine Auffassung, vgl. nur *v. Arnauld*, Rn. 1087; *Dederer*, JZ 2004, S. 421 (424); *Krajewski*, AVR 40 (2002), S. 183 (201); *Meiser/v. Buttlar*, S. 34; *Saalfeld*, ES 2/2002, S. 40 (41); *Tietje/Nowrot*, NZWehrr 2002, S. 1 (7); *Tomuschat*, EuGRZ 2001, S. 535 (540); *Weigelt*, S. 89.

[236] Vgl. C. I.

Bestehen des Selbstverteidigungsrechts die Gegenwärtigkeit des Angriffes[237].

Danach wären die Angriffe vom 11.09.2001 als bereits abgeschlossene, lange zurückliegende Terrorakte keine Begründung mehr für die Inanspruchnahme des Selbstverteidigungsrechts[238]. Allerdings wird, insbesondere seit diesen Anschlägen, diskutiert, ob das Kriterium der „Gegenwärtigkeit" nicht weiter zu verstehen ist[239].

aa) Wiederholungsgefahr bzw. Dauerangriff

Die USA begründen ihren Kampf gegen den Terror damit, dass ihnen jederzeit eine Wiederholung von Terroranschlägen wie vom 11.09.2001 drohe[240]. Rechtlichen Niederschlag findet diese Argumentation in den Begriffen des „Dauerangriffs" (*„ongoing armed attack"*) oder der „Wiederholungsgefahr"[241]. Gegen einen

---

[237] Vgl. auch *Bothe*, EJIL 2003, S. 227 (229); *Kempen/Hillgruber*, S. 234, Rn. 104; *Krajewski*, AVR 40 (2002), S. 183 (201); *Schulze*, Selbstverteidigung, in: Wolfrum, S. 753 (757); *Stein/v. Buttlar*, Rn. 827.

[238] Schon 2002 nahm *Krajewski*, AVR 40 (2002), S. 183 (206) an, dass keine Gegenwärtigkeit des Angriffes mehr vorlag.

[239] Vgl. *Bruha/Bortfeld*, VN 2001, S. 161 (165); *Tietje/Nowrot*, NZWehrR 2002, S. 1 (14).

[240] *Koh, Harold*, Speech (Fn. 10).

[241] *Dederer*, JZ 2004, S. 421 (428); *Meiser/v. Buttlar*, S. 77; *Schmitt*, ILS 79 (2002), S. 7 (57); *Tams*, EJIL 2009, S. 359 (390); zum Begriff: *Stein/v. Buttlar*, Rn. 848.

„Dauerangriff" müsse auch ein „Dauerselbstverteidigungsrecht" bestehen. Die Wiederholungsgefahr sei erst beendet, wenn der Angreifer (z. B. das internationale Terrornetzwerk) zerschlagen sei oder „kapituliert" habe[242].

Für eine Wiederholungsgefahr terroristischer Angriffe auf die USA spricht, dass immer wieder weltweit Terroranschläge stattfinden[243]. Eines der Hauptziele internationaler Terrornetzwerke sind US-Einrichtungen, US-Bürger und das Staatsgebiet der USA[244]. Die USA werden zudem von Terrororganisationen als Ziel künftiger Anschläge genannt[245]. Teilweise wird eine Analogie zu „kriegerischen Auseinandersetzungen" gezogen, die sich

---

[242] *Dederer*, JZ 2004, S. 421 (429); *Tomuschat*, EuGRZ 2001, S. 535 (541 f.).

[243] Die bekanntesten Anschläge durch Al-Qaida in westlichen Ländern sind: Anschlag auf US-Militär 1992 im Jemen, der Anschlag auf das World Trade Center 1993, die Bombenanschläge auf die US-Botschaften in Tansania und Kenia 1998, die Anschläge vom 11.09.2001, Anschlag auf Pendlerzüge in Madrid 2004, der Anschlag von London 2005, Anschlag auf die dänische Botschaft 2008, Anschlag auf Charlie Hebdo in Paris 2015.

[244] *Orr*, ILJ 2011, S. 729 (736 f.).

[245] O. V. (2016): Bin-Laden-Sohn will angeblich Tod seines Vaters rächen, in: Spiegel Online, 11.07.2016, http://www.spiegel.de/politik/ausland/alqaida-sohn-von-osama-bin-laden-soll-usa-gedroht-haben-a-1102361.html, zuletzt abgerufen am 11.07.2016; O. V. (2015): IS droht mit Anschlag in Washington, in: Spiegel Online, 16.11.2015, http://www.spiegel.de/politik/ausland/islamischer-staat-droht-mit-anschlag-in-washington-a-1063057.html, zuletzt abgerufen am 11.07.2016; solche Ankündigungen begründen laut *Dederer*, JZ 2004, S. 421 (429) die Annahme einer Wiederholungsgefahr.

auch über mehrere Jahre erstrecken und mithin einen „Dauerangriff" darstellen können[246].

Die Konstruktion einer Dauergefahr erfolgt auch unter dem Begriff *„accumulation of events"*: Mehrere terroristische Akte, die jeweils unterhalb der Intensitätsschwelle liegen, werden zusammengefasst und als ein fortwährender Angriff verstanden, gegen den ein anhaltendes Selbstverteidigungsrecht bestehe[247]. Begründet wird diese bereits in der Vergangenheit entwickelte Rechtsfigur auch mit dem heute höheren Gefährdungspotential des internationalen Terrorismus[248]. Der UN-Sicherheitsrat hat eine solche kumulative Betrachtung in der Vergangenheit zwar abgelehnt[249]. Demgegenüber hat der IGH eine kumulative Gesamtbetrachtung zuletzt nicht ausgeschlossen[250].

Zwar wäre es realitätsfremd, Angriffe, die miteinander im Zusammenhang stehen, nicht einheitlich zu betrachten. Allerdings sind für das Bestehen einer Dauergefahr strenge Maßstäbe anzu-

---

[246] *Meiser/v. Buttlar*, S. 77.
[247] *Dinstein*, S. 206 f.; *v. Heinegg*, in: Ipsen, § 52, Rn. 14; *Kreß*, S. 203; *Randelzhofer/Nolte*, in: Simma u. a., Art. 51, Rn. 21; *Stein/v. Buttlar*, Rn. 848; *Tams*, EJIL 2009, S. 359 (388 ff.).
[248] *Stein/v. Buttlar*, Rn. 850; *Schmitt*, ILS 79 (2002), S. 7 (32).
[249] UN Doc. S/RES/490 v. 21.07.1981; UN Doc. S/RES/501 v. 25.02.1982.
[250] *Oil Platforms,* ICJ Rep. 2003, p. 161, 191 f., Rn. 64 (Fn. 222).

legen. Denn die Konstruktion birgt die Gefahr des Missbrauchs[251]. Die Grenzen zwischen zulässiger Selbstverteidigung und rechtswidrigem Vergeltungsschlag könnten verwischen[252]. Problematisch ist auch, dass die Annahme der Wiederholungsgefahr den Willen der Terroristen voraussetzt, weitere Anschläge zu begehen. Das öffnet einseitigen, subjektiven Einschätzungen Tür und Tor[253]. Da sich aufgrund der Unbestimmtheit des Begriffs ständig „Verbündete"[254] von Al-Qaida finden lassen, würde ein permanenter Verteidigungszustand entstehen – genau das will das UN-System aber vermeiden[255].

Von einem Dauerangriff kann man somit nur sprechen, wenn ein *objektiv nachweisbarer* Zusammenhang zwischen den einzelnen Angriffen besteht und eine weitere Gefahr *tatsächlich* droht[256]. Die USA können sich daher nicht pauschal darauf berufen, dass jeder terroristische Anschlag auf der Welt im Zusammenhang steht und daraus ein Dauerangriff konstruieren. Die Realität ist

---

[251] *v. Arnauld*, Rn. 1089; *Randelzhofer/Nolte*, in: Simma u. a., Art. 51, Rn. 21; *Städele*, S. 97; *Zimmer*, S. 86.
[252] *Stroh*, in: Frau, S. 137 (146); vgl. *Städele*, S. 99; *Zimmer*, S. 83.
[253] Vgl. *Zimmer*, S. 86.
[254] Vgl. D. I. 2.
[255] *Städele*, S. 155.
[256] *v. Arnauld*, Rn. 1089; ähnlich: *v. Heinegg*, in: Ipsen, § 52, Rn. 14; *Kreß*, S. 203.

komplexer: Anschläge finden durch unterschiedliche Terrororganisation in unterschiedlicher Intensität statt und richten sich auch nicht nur gegen die USA. Es ist daher problematisch, wenn die USA den jeweiligen Zusammenhang kaum begründen. Sie verweisen relativ allgemein auf die Gefahren des Terrorismus. Dabei ist es durchaus zweifelhaft, ob z. B. ein Terroranschlag des „Islamischen Staates" in Frankreich irgendetwas mit den Anschlägen vom 11.09.2001 zu tun hat. Insbesondere ist es rechtlich nicht möglich, Anschläge auf andere Staaten als Angriffe auf die USA zu definieren. Mithin kommen die USA ihrer Nachweispflicht[257] für das Bestehen einer *tatsächlich* bestehenden Dauergefahr derzeit nicht nach, sodass unter diesem Aspekt keine Gegenwärtigkeit des Angriffs gegeben ist.

bb) Präemptiver Einsatz

Die USA begründen ihre Drohnenangriffe auch mit dem Recht zum „*pre-emptive strike*"[258] (präemptiver Einsatz), um mögliche Bedrohungen frühzeitig abzuwehren[259]. Ein präemptiven Einsatz

---

[257] Wer sich auf das Selbstverteidigungsrecht beruft, trägt die Beweislast für das Vorliegen seiner Voraussetzungen, vgl. *Oil Platforms,* ICJ Rep. 2003, p. 161, 189, Rn. 57 (Fn. 222).

[258] Zum Begriff *v. Arnauld,* Rn. 1066; *Schmitt,* ILS 79 (2002), S. 7 (31).

[259] National Security Strategy 2002, S. 6, 15 (Fn. 11); in der Sicherheitsstrategie von Mai 2010 ist zwar nicht mehr die Rede vom Recht zum präemptiven Einsatz, aber es wird sich das Recht zur unilateralen Gewaltanwendung

wird mit der Absicht durchgeführt, einer abstrakten Bedrohungslage entgegenzuwirken: Mit einem Angriff des Gegners wird gerechnet, während dessen Zeitpunkt und Tatort noch ungewiss, also noch *nicht konkret* sind[260]. Dies geht über die präventive Selbstverteidigung („*preventive strike*") hinaus[261], die der Abwehr einer *konkret* erwarteten Angriffshandlung des Gegners dient; Voraussetzung ist ein unmittelbar bevorstehender Angriff[262]. Beim präemptiven Einsatz hingegen bedarf es des Unmittelbarkeitserfordernisses nicht[263].

---

vorbehalten, vgl. National Security Strategy 2010, S. 22 (Fn. 88), zuletzt abgerufen am 20.07.2016.

[260] *Kapaun*, S. 99; *Stein/v. Buttlar*, Rn. 825.
[261] *Bothe*, in: Graf Vitzthum/Proelß, S. 607, Rn. 19.
[262] *v. Arnauld*, Rn. 1066; *Stein/v. Buttlar*, Rn. 825.
[263] *v. Arnauld*, Rn. 1066; *Murswiek*, NJW 2013, S. 1014 (1018); teilweise werden die Begriffe genau andersherum verwendet, wie etwa bei *Schwehm*, AVR 46 (2008), S. 368 (371). In der Sache findet aber immer eine Differenzierung nach der Unmittelbarkeit der bevorstehenden Gefahr statt.

Seit dem „Caroline-Fall"[264] geht die überwiegende Meinung davon aus, dass ein präventives Selbstverteidigungsrecht existiert[265]. Es liegt vor, wenn ein Angriff unmittelbar bevorsteht, überwältigend ist und keine andere Wahl der Mittel zulässt und auch keine Zeit für weitere Beratungen bleibt (*Webster-Formel*)[266]. Diese Maßgaben treffen auf die meisten bewaffneten US-Drohneneinsätze mangels Unmittelbarkeit eines drohenden Angriffs nicht zu. Denn die USA wählen die Zielpersonen im Rahmen einer langen Entscheidungskette sorgfältig aus, so dass es mehrere Wochen dauern kann, ehe ein Angriff auf die Zielpersonen stattfindet[267]. In erster Linie geht es nicht um die Ausschaltung von Personen, von denen eine unmittelbare Gefahr ausgeht,

---

[264] 1837 bekämpften britische Truppen einen Aufstand in ihrer damaligen Kolonie Kanada. Eine von US-Bürgern unterstützte Privatmiliz versuchte mit dem Flussdampfer „*Caroline*" Waffen und freiwillige Kämpfer zu den Aufständischen in Kanada zu bringen. Die Briten stoppten die Caroline noch auf US-Territorium. Ausführlich zum Fall *Sofaer,* EJIL 2003, S. 209 (214 ff.).

[265] v. *Arnauld*, Rn. 1065; *Bowett*, S. 185 f.; *Frowein*, ZaöRV 2002, S. 879 (891); *Herdegen*, § 34, Rn. 29; *Kempen/Hillgruber*, S. 235, Rn. 105; *Murswiek*, NJW 2013, S. 1014 (1016); *Randelzhofer/Nolte*, in: Simma u. a., Art. 51, Rn. 53 f.; ablehnend: *Bothe*, in: Graf Vitzthum/Proelß, S. 606, Rn. 19; *Schulze*, Selbstverteidigung, in: Wolfrum, S. 753 (753).

[266] Die Webster-Formel ist das Ergebnis des Briefwechsels zwischen der britischen und der US-Regierung im Anschluss an den Caroline-Fall, vgl. v. *Arnauld*, Rn. 1065.

[267] Siehe C. I.; *Stroh*, in: Frau, S. 137 (147 f.).

sondern um Personen, bei denen die Vermutung besteht, dass ein Angriff durch sie in Zukunft geschehen *könnte*.

Aus diesem Grund haben die USA die Figur des *präemptiven Einsatzes* entwickelt. Hauptargument ist, dass es einem Staat unzumutbar sei, einen Angriff und dessen Folgen erst abzuwarten, bevor er Gegenmaßnahmen ergreifen dürfe (*"We cannot let our enemies strike first"*)[268]. Die UNCh mache es nach ihrem Sinn und Zweck erforderlich, mögliche Gefahren und Gewalttätigkeiten so zeitnah wie möglich zu verhindern[269].

Eine Erweiterung des Selbstverteidigungsrechts um ein präemptives Selbstverteidigungsrecht ist jedoch abzulehnen[270]. Der Wortlaut des Art. 51 UNCh gibt keine Anhaltspunkte für das Bestehen eines solchen Rechts[271]. Mit der Zulassung präemptiver Schläge wäre eine erhebliche Missbrauchsgefahr verbunden[272].

---

[268] National Security Strategy 2002, S. 15 (Fn. 11); vgl. auch: *Sofaer*, EJIL 2003, S. 209 (225 f.).

[269] *Sofaer*, EJIL 2003, S. 209 (223).

[270] So auch: *Bothe*, EJIL 2003, S. 227 (232); *Bothe*, in: Graf Vitzthum/Proelß, S. 607 Rn. 19; *Cassese*, S. 361; *Dederer*, JZ 2004, S. 421 (429); *Kempen/Hillgruber*, S. 235 f., Rn. 107; *Stahn*, in: Walter u. a., S. 827 (869); *Städele*, S. 155 ff.

[271] Vgl. *Dederer*, JZ 2004, S. 421 (429).

[272] *v. Arnauld*, Rn. 1066; *Cassese*, S. 361; ähnlich: *Stahn*, in: Walter u. a., S. 827 (869).

Die Konturen des Gewaltverbotes würden bis zur Unkenntlichkeit verschwimmen[273]. Auch regelt Art. 51 UNCh das Selbstverteidigungsrecht gerade deswegen abschließend, um einer Entwertung des Gewaltverbotes vorzubeugen[274]. Nicht ohne Grund ist der IGH einer extensiven Auslegung entgegengetreten, indem er darauf hingewiesen hat, dass Staaten strikt an die engen Voraussetzungen des Art. 51 UNCh gebunden sind[275]. Dafür spricht auch, dass das Selbstverteidigungsrecht als Ausnahme vom Gewaltverbot eng zu verstehen ist[276]. Die Zulassung eines Rechts zum präemptiven Einsatz würde außerdem zu einer Vermischung der Begriffe „Bedrohung" (Art. 39 UNCh) und „bewaffneter Angriff" (Art. 51 UNCh) führen. Denn die Bedrohungslage, auf die man beim präemptiven Einsatz abstellt, zeichnet sich im Vergleich zum „Angriff" durch eine gewisse Abstraktheit aus. Bedrohungslagen sollen laut der UNCh allein den UN-Sicherheitsrat zu Maßnahmen ermächtigen, aber gerade kein Selbstverteidigungsrecht einzelner Staaten auslösen. Auch die allgemeine Staatenpraxis spricht gegen das Bestehen eines präemptiven Selbstverteidigungsrechts[277].

---

[273] *Bothe*, in: Graf Vitzthum/Proelß, S. 607 Rn. 19.
[274] *Bothe*, in: *Graf Vitzthum/Proelß*, S. 606 f., Rn. 19; *Stein/v. Buttlar*, Rn. 832.
[275] *Congo*, ICJ Rep. 2005, p. 168, 223, Rn. 148 (Fn. 194).
[276] *Städele*, S. 90.
[277] *Bothe*, EJIL 2003, S. 227 (232).

Mithin fehlt es insgesamt an der Gegenwärtigkeit eines bewaffneten Angriffs auf die USA.

c) Tauglicher Angreifer

In Art. 51 S. 1 UNCh fehlt eine Aussage darüber, wer tauglicher Angreifer sein kann. Aufgrund der Systematik der UNCh, die durchgehend zwischenstaatliche Beziehungen anspricht, ging man lange davon aus, dass tauglicher Angreifer nur ein Staat sein kann bzw. immer die Zurechnung der Angriffshandlung zu einem Staat erforderlich ist[278]. Gezielte Tötungen durch US-Drohneneinsätze richten sich aber gegen Mitglieder terroristischer Organisationen, d. h. gegen nicht-staatliche Akteure. Somit stellt sich die Frage, ob und wann ein Selbstverteidigungsrecht gegen nichtstaatliche Akteure bestehen kann.

aa) Indirekte Gewalt

Ein Selbstverteidigungsrecht liegt unstreitig vor, wenn ein Staat *indirekt* für die Gewalt verantwortlich ist[279]. Zunächst käme eine

---

[278] Vgl. *Nicaragua*, ICJ Rep. 1986, p. 14, 103, Rn. 195 (Fn. 183); *Bothe*, in: *Graf Vitzthum/Proelß*, S. 608, Rn. 19; *Kempen/Hillgruber*, S. 237, Rn. 111; *Schadtle*, Jura 2009, S. 686 (692); *Schulze*, in: Wolfrum, S. 754 (756); vgl. auch: *Randelzhofer/Dörr*, in: Simma u. a., Art. 2 (4), Rn. 31; *Stein/v. Buttlar*, Rn. 842; *Zimmer*, S. 36 f.

[279] *Randelzhofer/Dörr*, in: Simma u. a., Art. 2 (4), Rn. 23; *Städele*, S. 82.

Zurechnung nach dem völkergewohnheitsrechtlich anerkannten Art. 3 lit. g[280] der Aggressionsdefinition in Betracht[281]. Hiernach kann das Handeln privater Gruppen einem Staat zugerechnet werden, sofern er sie entsandt hat oder wesentlich an ihrer Angriffshandlung beteiligt war. Eine derartige staatliche Involvierung in Terrorakte, die sich gegen die USA richten, liegt regelmäßig nicht vor. Aus diesem Grund scheidet auch eine Zurechnung nach Art. 4 ILC-Entwurf aus.

Nach Art. 8 ILC-Entwurf[282] ist das Verhalten einer privaten Gruppe dann als Handlung eines Staates zu werten, wenn sie unter der Leitung oder Kontrolle des Staates handelt. Laut dem IGH ist hierfür eine „effektive Kontrolle" (z. T. als „Tatherrschaft" übersetzt[283]) des Staates über die einzelnen Aktionen der privaten Gruppe erforderlich, so dass die Gruppe als verlängerter Arm des

---

[280] *Nicaragua*, ICJ Rep. 1986, p. 14, 103, Rn. 195 (Fn. 183); *Congo*, ICJ Rep. 2005, p. 168, 222 f. Rn. 146 (Fn. 194); zustimmend: *v. Heinegg*, in: Ipsen, § 51, Rn. 20.

[281] Ob die Aggressionsdefinition für die Zurechnung eines bewaffneten Angriffes Anwendung findet, ist umstritten. Hier wird davon ausgegangen, dass Hinzuziehung der Aggressionsdefinition aus Auslegungshilfe zulässig ist, da man von einem Überlappen des Regelungsbereiches ausgehen kann, vgl. *Weigelt*, S. 25 f.

[282] Zur völkergewohnheitsrechtlichen Anerkennung des ILC-Entwurf siehe Fn. 205.

[283] *v. Arnauld*, Rn. 1061; *Hobe*, in: Schöbener, S. 47; *Meiser/v. Buttlar*, S. 47.

Staates dient[284]. Reine Unterstützungsmaßnahmen wie die Finanzierung, Ausrüstung und Ausbildung seien nicht ausreichend für eine Zurechnung[285].

Das UN-Tribunal für das ehemalige Jugoslawien hat zwar einen weniger strengen Kontrollbegriff verwendet, nach dem es ausreicht, wenn eine private Gruppe von einem Staat aufgestellt und diesem lediglich in allgemeiner Weise untergeordnet ist („Gesamtkontrolle")[286]. Aber selbst danach lässt sich keine Zurechnung des Handelns derjenigen terroristischen Organisationen, gegen welche die USA mit ihren Drohnen vorgehen, zu einem Staat vornehmen. So wurde die Möglichkeit, dass die Taliban die Kontrolle über „Al-Qaida" ausüben, verneint[287].

Zwar kann eine Zurechnung noch nach Art. 11 ILC-Entwurf in Betracht kommen, d. h. wenn der Staat sich das Verhalten des

---

[284] *Nicaragua*, ICJ Rep. 1986, p. 14, 65, Rn. 115 (Fn. 183).
[285] *Nicaragua*, ICJ Rep. 1986, p. 14, 119, Rn. 228 (Fn. 183); *v. Arnauld*, Rn. 1061; kritisch dazu: *Dederer*, JZ 2004, S. 421 (427); *Krajewski*, AVR 40 (2002), S. 183 (192); *Randelzhofer/Nolte*, in: Simma u. a., 51, Rn. 34; *Zimmer*, S. 38 f.
[286] ICTY, *Prosecutor v. Dusko Tadić*, Rn. 137 ff. (Fn. 83); ähnlich: *Dinstein*, S. 222 f.; *v. Heinegg*, in: Ipsen, § 52, Rn. 10; *Kreß*, S. 312 ff.
[287] *Bruha/Bortfeld*, VN 2001, S. 161 (166); *Dinstein*, S. 228; *Krajewski*, AVR 40 (2002), S. 183 (190); *Meiser/v. Buttlar*, S. 49; *Saalfeld*, ES 2/2002, S. 40 (40); *Stahn*, in: Walter u. a., S. 827 (838 f.); *Tietje/Nowrot*, NZWehrr 2002, S. 1 (7 f.).

nicht-staatlichen Akteurs zu eigen macht[288]. Aber auch danach war nicht einmal der Anschlag vom 11.09.2001 der Taliban-Führung zurechenbar, da sie die Anschläge – wenn auch nur halbherzig – offiziell verurteilten[289]. Somit führen die allgemein anerkannten Zurechnungskriterien dazu, dass weder der Anschlag vom 11.09.2001, noch andere terroristische Aktivitäten gegen die USA Staaten zurechenbar sind.

bb) Zurechnung über „*Safe-Haven-Doktrin*"
Der damalige US-Präsident Bush kündigte nach den Anschlägen vom 11.09.2001 an, keinen Unterschied zu machen zwischen den Terroristen und den Ländern, die diesen einen Zufluchtsort gewähren[290]. Die militärische Intervention in Afghanistan wurde auch damit gerechtfertigt, dass die Taliban dem Terrornetzwerk

---

[288] IGH, *United States Diplomatic and Consular Staff in Tehran (United States of America v. Iran)*, Judgment of 24 May 1980, ICJ Rep. 1980, p. 3, 35 ff., Rn. 74; *Dederer*, JZ 2004, S. 421 (426); *Randelzhofer/Nolte*, in: Simma u. a., 51, Rn. 38; *Meiser/v. Buttlar*, S. 46.

[289] *Meiser/v. Buttlar*, S. 46.

[290] *Bush, George W.*, Statement by the President in his Adress to the Nation, 11. September 2001 https://georgewbush-whitehouse.archives.gov/news/releases/2001/09/20010911-16.html, zuletzt abgerufen am 16.08.2016.

„Al-Qaida" einen sicheren Zufluchtsort in Afghanistan gewähren würden[291].

Vor diesem Hintergrund wird teilweise vertreten, dass die willentliche Gewährung eines Zufluchtsortes für Terroristen (*„safe haven"*) für die Zurechnung des bewaffneten Angriffs einer nicht-staatlichen Gruppe zu einem Staat genügt[292]. Denn für die nicht-staatlichen Angreifer sei die Gewährung eines sicheren Zufluchtsortes unverzichtbar[293].

Die „Safe-Haven-Doktrin" ist umstritten[294]. Folgt man der Nicaragua-Entscheidung des IGH, nach der selbst die direkte Unterstützung mit Geld und Waffen keine Zurechnung des Handelns privater Gruppen zu einem Staat begründet[295], so kann die Gewährung eines sicheren Zufluchtsortes dafür erst Recht nicht her-

---

[291] Vgl. *Dederer*, JZ 2004, S. 421 (428); *Kapaun*, S. 73 f.; *Saalfeld*, ES 2/2002, S. 40 (42).
[292] *Bruha*, AVR 40 (2002), S. 383 (406); *Bruha/Bortfeld,* VN 2001, S. 161 (166); *Byers*, ICLQ 2002, S. 401 (409 f.); *Cassese*, ICLQ 1989, S. 589 (598); *Dederer*, JZ 2004, S. 421 (427); *Kreß*, S. 273 f.; *Meiser/v. Buttlar*, S. 54; *Randelzhofer/Nolte*, in: Simma u. a., 51, Rn. 34; *Stein/v. Buttlar*, Rn. 846; *Tams*, EJIL 2009, S. 359 (385); *Tietje/Nowrot*, NZWehrR 2002, S. 1 (11).
[293] *Bruha/Bortfeld,* VN 2001, S. 161 (166).
[294] Gegen die völkerrechtliche Zulässigkeit *v. Arnauld*, Rn. 1092; *v. Heinegg*, in: Ipsen, § 51, Rn. 23; *Kapaun*, S. 76 f.; *Weigelt*, S. 30.
[295] Vgl. Fn. 285.

halten – sie ist ein Minus gegenüber der materiellen und finanziellen Hilfe[296]. Für die Safe-Haven-Doktrin spricht aber Grundsatz 1 Spiegelstrich 9 der Friendly-Relations-Declaration[297], nach dem ein Staat die Organisation von Terrorakten auf seinem Staatsgebiet „nicht dulden" darf. Auch hat der UN-Sicherheitsrat in der Vergangenheit festgestellt, dass die Gewährung eines sicheren Aufenthalts für Terroristen einen Völkerrechtsverstoß darstellt[298]. Hinzu kommt, dass die Völkergemeinschaft die Unterstützung von Terrorismus ausnahmslos missbilligt[299].

Im Zusammenhang mit den US-Drohneneinsätzen kann die Frage der völkerrechtlichen Anerkennung der Safe-Haven-Doktrin indes dahinstehen. Denn die Länder, in denen die Drohneneinsätze stattfinden, befinden sich entweder selbst im Kampf gegen den Terror (z. B. Pakistan) oder es fehlt an effektiven staatlichen Strukturen, die einen Willen hinsichtlich der Unterstützung von

---

[296] *Krajewski*, AVR 40 (2002), S. 183 (193 f.).
[297] UN Doc. A/RES/2625 v. 24.10.1970; der IGH geht von der völkergewohnheitsrechtlichen Verankerung der Deklaration aus, *Nicaragua*, p. 14, 133, Rn. 264 (Fn. 183); zustimmend: *v. Heinegg*, in: Ipsen, § 51, Rn. 20.
[298] UN Doc. S/RES/573 v. 04.10.1985.
[299] *Dederer*, JZ 2004, S. 421 (427).

Terrornetzwerken entwickeln könnten (z. B. Somalia, Jemen)[300]. Die Angreifer agieren verdeckt innerhalb dieser Staaten. Die Länder, von denen aus sie operieren, sind austauschbar. Dieses Phänomen wird auch als „transnationaler Terrorismus" bezeichnet[301]. Es gibt demnach aktuell keinen bekannten Fall, in dem US-Drohneneinsätze in einem Land stattfinden, das „Terroristen" willentlich sichere Zuflucht gewährt.

cc) Verzicht auf Zurechnung

Vor diesem Hintergrund stellt sich die Frage, ob auf eine staatliche Zurechnung verzichtet werden kann. Seit den Anschlägen vom 11.09.2001 findet sich die Ansicht, dass auch bewaffnete Angriffe von nicht-staatlichen Akteuren das Selbstverteidigungsrecht nach Art. 51 UNCh auslösen können[302]. Als Argument dient

---

[300] Als Orientierung für diese Frage bietet sich der *Fragile States Index* an, bei dem Staaten auf ihr Risiko von Staatszerfall hin untersucht werden. Je höher der Indexwert ist, desto geringer ist die Staatlichkeit. Aktuell belegt Somalia Platz 1 und der Jemen Platz 4, http://fsi.fundforpeace.org/, zuletzt abgerufen am 10.09.2016.

[301] Ausführlich *Städele*, S. 194.

[302] *Bruha/Bortfeld*, VN 2001, S. 161 (165); *Bruha*, AVR 40 (2002), S. 383 (395); *Dinstein*, S. 227; *Frowein*, ZaöRV 2002, S. 879 (887); *Greenwood*, IntAff 2002, S. 301 (307); *v. Heinegg*, in: Ipsen, § 52, Rn. 24; *Herdegen*, § 34, Rn. 26; *Krajewski*, AVR 40 (2002), S. 183 (197 ff.); *Orr*, ILJ 2011, S. 729 (739); *Paust*, Transnat'l L. & Pol'y 19 (2010), S. 237 (241); *Saalfeld*, ES 2/2002, S. 40 (41); *Stahn*, in: Walter u. a., S. 827 (848); EuGRZ 2001, S. 535 (543); *Weigelt*, S. 88; vor dem 11.09.2001 schon: *Kreß*, S. 274 ff.

der Wortlaut, der keine Eingrenzung auf einen staatlichen Angreifer vorsehe[303].

Auch habe man es angesichts des internationalen Terrorismus mit einer neuen Form von Bedrohungslagen zu tun: Das klassische Konzept des Selbstverteidigungsrechts, nach dem ein Angriff einem Staat zurechenbar sein müsse, sei nicht mehr zeitgemäß[304]. Da es sich beim internationalen Terrorismus um eine *tatsächliche* Friedensbedrohung handele, müsse die UNCh ihn erfassen, um wirkungsvoll zu sein[305]. Aufgrund seiner Intensität habe der internationale Terrorismus kriegsähnlichen Charakter und sei daher mit zwischenstaatlichen Angriffen gleichzustellen – auch weil er wegen der „Unsichtbarkeit" des Gegners und der verwendeten Mittel teilweise gefährlicher sei[306].

Für den „kriegsähnlichen Charakter" terroristischer Angriffe wird angeführt, dass der UN-Sicherheitsrat wiederholt festgestellt hat,

---

[303] *Frowein*, ZaöRV 2002, S. 879 (887); *Herdegen*, § 34, Rn. 26; *Meiser/v. Buttlar*, S. 33; *Paust*, Transnat'l L. & Pol'y 19 (2010), S. 237 (241); *Stahn*, in: Walter u. a., S. 827 (848).

[304] *Orr*, ILJ 2011, S. 729 (739 f.); vgl. auch: *Greenwood*, IntAff 2002, S. 301 (307 f.).

[305] *Krajewski*, AVR 40 (2002), S. 183 (198).

[306] *Bruha/Bortfeld*, VN 2001, S. 161 (165); *Tomuschat*, EuGRZ 2001, 535 (541).

dass Akte des Terrorismus eine *Bedrohung des Friedens* darstellen und gegen sie ein Selbstverteidigungsrecht bestehe[307]. Dadurch habe der UN-Sicherheitsrat das bisherige Erfordernis der Zurechnung zu einem Staat durch Fortentwicklung des Völkerrechts aufgegeben[308]. Im Übrigen sei es einem Staat unzumutbar, kein Selbstverteidigungsrecht gegen Angriffe terroristischer Gruppen zu haben[309].

Die Auffassung, die Zurechnung zu einem Staat sei verzichtbar, ist auf Ablehnung gestoßen[310]. Hingewiesen wird darauf, dass Art. 51 UNCh entstehungsgeschichtlich dafür geschaffen wurde, ein Selbstverteidigungsrecht gegen Angriffe anderer Staaten und Angriffe, die anderen Staaten zurechenbar sind, zu gewähren[311].

---

[307] UN Doc. S/RES/1368 v. 12.09.2001; UN Doc. S/RES/1373 v. 28.09.2001; UN Doc. S/RES/1438 v. 14.10.2002; UN Doc. S/RES/1450 v. 13.12.2002; zur Argumentation siehe *Bruha*, AVR 40 (2002), S. 383 (393 f.); *Greenwood*, IntAff 2002, S. 301 (308 f.); *Herdegen*, § 34, Rn. 26; *Städele*, S. 104; *Tomuschat*, EuGRZ 2001, S. 535 (544).

[308] *Bruha/Bortfeld*, VN 2001, S. 161 (165); *Dinstein*, S. 227 f.; *Krajewski*, AVR 40 (2002), S. 183 (196 f.); *Saalfeld*, ES 2/2002, S. 40 (41); ähnlich: *Heintze*, IPG 3/2004, S. 38 (52); *Kapaun*, S. 84 f.

[309] *Bruha*, AVR 40 (2002), S. 383 (403); *Meiser/v. Buttlar*, S. 52.

[310] *Blumenwitz*, ZRP 2002, S. 102 (105); *Bothe*, EJIL 2003, S. 227 (233); *Bothe*, in: Graf Vitzthum/Proelß, S. 601 f., Rn. 11; *Randelzhofer/Nolte*, in: Simma u. a., 51, Rn. 37; *Städele*, S. 142 f.

[311] *O'Conell*, JNSLP 4 (2010), S. 343 (358 f.); a. A. *Weigelt*, S. 81 ff., danach sind entstehungsgeschichtlich auch private Angriffe von Art. 51 UNCh erfasst.

Allerdings ist das Völkerrecht wandlungsfähig; maßgebliche Bedeutung hierfür hat die Staatenpraxis[312]. Nicht zu übersehen ist, dass international zunehmend eine Neuinterpretation des Selbstverteidigungsrechtes erfolgt ist. Zwar hatte der UN-Sicherheitsrat Terroranschläge schon vor dem 11.09.2001 verurteilt. Dabei erfasste er aber nur Fälle des Staatsterrorismus, d. h. er nahm stets eine staatliche Zurechnung vor, etwa indem er feststellte, dass Libyen seiner Pflicht zur Terrorismusbekämpfung nicht nachgekommen sei[313].

Mit den Resolutionen 1368[314] und 1373[315] betonte der UN-Sicherheitsrat das Bestehen eines Selbstverteidigungsrechts der USA[316], ohne dass zu diesem Zeitpunkt jedoch klar war, ob die Anschläge einem Staat zurechenbar waren. Die Resolutionen waren ein Novum: Erstmals wurde ein Terroranschlag einer privaten Terrororganisation als Bedrohung des Weltfriedens benannt[317].

---

[312] *Meiser/v. Buttlar*, S. 17.
[313] Vgl. zum Beispiel UN Doc. S/RES/731, 21.01.1992; S/RES 748, 31.03.1002; zur Argumentation s. auch *Meiser/v. Buttlar*, S. 24.
[314] UN Doc. S/RES/1368, 12.09.2001.
[315] UN Doc. S/RES/1373, 28.09.2001.
[316] Dieser ausdrückliche Hinweis auf das Selbstverteidigungsrecht war an sich schon ein Novum, vgl. *Meiser/v. Buttlar*, S. 25.
[317] *v. Heinegg*, in: Ipsen, § 52, Rn. 24; *Meiser/v. Buttlar*, S. 24; vgl. auch *Heintze*, IPG 3/2004, S. 38 (51); *Schmitt*, YIHL 13 (2010), S. 311 (317).

Die NATO stellte damals das erste und bislang einzige Mal in ihrer Geschichte den Bündnisfall nach Art. 5 des NATO-Vertrages fest[318]. Auch die OSZE[319] und die OAS[320] erkannten damals das Bestehen eines Selbstverteidigungsrechtes an, ebenso der UN-Generalsekretär[321].

Hinzu kommt, dass der Sicherheitsrat und die Generalversammlung die Unterstützung von Terroristen schon vor den Anschlägen vom 11.09.2001 als Völkerrechtsverstoß bewertet hatten[322].

Insofern ist es plausibel, anzunehmen, dass ein weitgehender Konsens der Staatengemeinschaft dahingehend besteht, dass private Akteure tauglicher Angreifer und damit Auslöser des Selbstverteidigungsrechts sein können.

Zu beachten ist außerdem, dass internationale Terrornetzwerke in der heutigen Zeit äußerst schlagkräftig sind und ihre Anschläge

---

[318] NATO Press Release (2001), 124, http://www.nato.int/docu/pr/2001/p01-124e.htm, zuletzt abgerufen am 30.07.2016.
[319] OSCE Permanent Council Statement, 11.10.2001, http://avalon.law.yale.edu/sept11/ osce_001.asp, zuletzt abgerufen am 30.07.2016.
[320] OAS Res. RC.24/RES.1/01 v. 21.09.2001.
[321] Press Release SG/SM/7985-AFG/149, 08.10.2001.
[322] UN Doc. S/RES/748, 31.03.1992; S/RES/1189, 13.08.1998; A/RES/53/108, 26.01.1999, Rn. 5.

zu zehntausenden Toten[323] geführt haben. Mittlerweile sind zudem etwa die Hälfte der weltweit an Kriegen beteiligten Personen Mitglied einer nicht-staatlichen bewaffneten Gruppe[324]. Das zeigt eindrücklich, dass die Bedrohung auch quantitativ ein erhebliches Maß erreicht hat. Die neuere Rechtsprechung des IGH zeugt davon, dass er die Staatenpraxis mittlerweile zumindest nicht mehr ablehnt[325]. Insofern können auch private Akteure Angreifer i. S. d. Art. 51 S. 1 UNCh sein.

dd) Adressat des Selbstverteidigungsrechtes
Die entscheidende Frage, die aus der Anerkennung privater Gruppen als Angreifer i. S. d. Art. 51 S. UNCh folgt, ist, *gegen wen* der angegriffene Staat vorgehen darf[326]. Denn gewaltsame Abwehrmaßnahmen gegen private Gruppen treffen – es sei denn, die Verteidigung findet auf dem eigenen Staatsgebiet oder auf inter-

---

[323] Siehe Grafik des Independent, https://static.independent.co.uk/s3fs-public/styles/story_medium/public/thumbnails/image/2015/11/17/11/terror-index-chart.jpg, zuletzt abgerufen am 09.09.2016.
[324] *Sassoli*, S. 28.
[325] IGH, *Congo*, ICJ Rep. 2005, p. 168, 201, Rn. 146 (Fn. 194) lässt sie Thematik offen, da sie nicht entscheidungserheblich sei. Dies deutet *Tams*, EJIL 2009, S. 359 (388) dahingehend, dass der IGH den internationalen Entwicklungen gegenüber nicht verschlossen bleiben will.
[326] Auch *Bruha*, AVR 40 (2002), S. 383 (400) und *Krajewski*, AVR 40 (2002), S. 183 (202) benennen diese Frage als zentral.

nationalen Gewässern statt – immer das Territorium eines anderen Staates[327]. Entgegen einer teilweise vertretenen Ansicht[328] kann der Verzicht auf das Erfordernis einer Zurechnung des bewaffneten Angriffs zu einem Staat nicht dazu führen, dass ein angegriffener Staat Selbstverteidigungsmaßnahmen jederzeit und überall vornehmen darf. Denn dies wäre ein massiver Eingriff in die Souveränität anderer Staaten[329], könnte einen internationalen bewaffneten Konflikt herbeiführen und damit nicht zuletzt auch eine Bedrohung für den Weltfrieden darstellen. Unbeteiligte Aufenthaltsstaaten würden zu möglichen Kriegsschauplätzen[330].

Dem Konzept des Art. 51 S. 1 UNCh entspricht es indes, nur Verteidigungsmaßnahmen gegen den *tatsächlichen* Angreifer zuzulassen, nicht gegen Unbeteiligte[331]. Gleichzeitig wäre ein Verbot jeglicher Gegenwehr bei Angriffen privater Gruppen unvereinbar

---

[327] *Bruha/Bortfeld*, VN 2001, S. 161 (166); *Herdegen*, § 34, Rn. 26; *Krajewski*, AVR 40 (2002), S. 183 (202); *Orr*, ILJ 2011, S. 729 (736); *Randelzhofer/Nolte*, in: Simma u. a., 51, Rn. 37; *Städele*, S. 130; *Stein/v. Buttlar*, Rn. 845; *Weigelt*, S. 97.
[328] Siehe *Paust*, Transnat'l L. & Pol'y 19 (2010), S. 237 (254 ff.).
[329] Zur überragenden Bedeutung der staatlichen Souveränität vgl. *Schmitt*, YIHL 13 (2010), S. 311 (315).
[330] *Schmidt-Radefeldt*, HuV-I 2005, S. 245 (247).
[331] *Schadtle*, Jura 2009, S. 686 (692).

mit dem Telos des Art. 51 UNCh, da man ihren Angriffen sonst weitgehend schutzlos ausgeliefert wäre[332].

Daher dürfen Selbstverteidigungsmaßnahmen im Aufenthaltsstaat der nicht-staatlichen Gruppen dann durchgeführt werden, wenn dieser nicht willens oder nicht fähig ist, gegen diese vorzugehen; die Maßnahmen dürfen sich dabei nur gegen die Terroristen, nicht aber gegen den Aufenthaltsstaat selbst richten[333]. Zulässig ist somit nur ein Vorgehen gegen die Operationsbasis und Waffenlager der Angreifer[334].

Hier kommt der Gedanke der o.g. Zurechnungskriterien ins Spiel: Ein Staat, der nicht willens ist, gegen die Terroristen im eigenen Land vorzugehen, verletzt seine völkerrechtlichen Pflichten zur Terrorismusabwehr[335]. Er macht sich (implizit) das Verhalten der

---

[332] *Bruha/Bortfeld*, VN 2001, S. 161 (166).
[333] *v. Heinegg*, in: Ipsen, § 52, Rn. 33; *Kempen/Hillgruber*, S. 238, Rn. 113; *Krajewski*, AVR 40 (2002), S. 183 (208); *Orr*, ILJ 2011, S. 729 (736); *Schmitt*, YIHL 13 (2010), S. 311 (316 f.); *Stein/v. Buttlar*, Rn. 845; *Weigelt*, S. 128; *Zimmer*, S. 70.
[334] *Herdegen*, § 34, Rn. 26; *Krajewski*, AVR 40 (2002), S. 183 (202 f.); vgl. auch: *Zimmer*, S. 65.
[335] Die völkerrechtliche Pflicht zur Terrorismusabwehr erwächst daraus, dass der Terrorismus völkerrechtlich geächtet ist, vgl. *Meiser/v. Buttlar*, S. 22; *Tietje/Nowrot*, NZWehrr 2002, S. 1 (4); siehe auch UN Doc. A/RES/56/1, 12.09.2001.

nicht-staatlichen Gruppe zu eigen; diese Konstellation entspricht der Grundidee des Art. 11 ILC-Entwurf. Zur Begründung können auch die Neutralitätspflichten von Staaten analog herangezogen werden[336], nach denen ein Staat alle notwendigen Maßnahmen ergreifen muss, um Kampfhandlungen und Vorbereitungen hierfür auf seinem Staatsgebiet zu unterbinden[337].

Allerdings müssen aufgrund des Grundsatzes der Verhältnismäßigkeit und zum Schutz der Souveränität des Aufenthaltsstaates hohe Hürden aufgestellt werden. Vor Durchführung der Verteidigungsmaßnahme ist es erforderlich, dass nach Möglichkeit sowohl eine intensive Kommunikation mit dem Aufenthaltsstaat stattfindet, als auch versucht wird, eine Befassung des UN-Sicherheitsrates herbeizuführen. Militärische Maßnahmen sind zudem nur solange zulässig, bis der Aufenthaltsstaat geeignete eigene Maßnahmen gegen die nicht-staatliche Gruppe ergreift[338]. Zusätzlich ist zu beachten, dass die Variante *„nicht fähig, gegen die Terroristen vorzugehen"* eine erhebliche Missbrauchsgefahr

---

[336] *Bruha,* AVR 40 (2002), S. 383 (408); *Kempen/Hillgruber,* S. 238 f., Rn. 114; *Krajewski,* AVR 40 (2002), S. 183 (203); *Meiser/v. Buttlar,* S. 62; *Schmitt,* YIHL 2010, S. 311 (318); ähnlich: *Bowett,* S. 56.
[337] Vgl. *Bindschedler,* ZaöRV 1956, S. 1 (2, 17).
[338] *Meiser/v. Buttlar,* S. 63.

birgt. So könnten die USA etwa darauf verweisen, dass ihre Drohnentechnologie den herkömmlichen militärischen und polizeilichen Mitteln des Aufenthaltsstaats überlegen ist und aus dieser Tatsache folgern, dass der Aufenthaltsstaat nicht gleichwertig fähig sei, gegen „Terroristen" vorzugehen[339]. Es bedarf strengerer Kriterien, um einem Missbrauch einen Riegel vorzuschieben. Dies gilt umso mehr, als die internationale Praxis dafür spricht, dass ein Vorgehen gegen den Aufenthaltsstaat regelmäßig sehr kritisch gesehen wird. So stießen die Aktionen der Türkei gegen die Kurden im Nordirak 2003 oder Luftschläge Kolumbiens gegen FARC-Rebellen in Ecuador auf deutlichen internationalen Protest[340].

Insofern geht es im Ergebnis zu weit, die US-Drohneneinsätze in Pakistan – wie es vereinzelt geschieht[341] – damit zu rechtfertigen, dass die pakistanische Regierung nicht fähig sei, der terroristischen Gefahr Herr zu werden. Das Kriterium „nicht fähig, gegen die Terroristen vorzugehen" sollte eng gefasst und als staatliche

---

[339] So nimmt *Schmitt*, YIHL 13 (2010), S. 311 (317) an, dass ein Drohneneinsatz zulässig ist, wenn der Aufenthaltsstaat der bewaffneten, privaten Angreifer nicht die gleiche technische Möglichkeit hat.
[340] *v. Arnauld*, Rn. 1096; *Randelzhofer/Nolte*, in: Simma u. a., 51, Rn. 37.
[341] *Orr*, ILJ 2011, S. 729 (736).

Handlungsunfähigkeit im Sinne eines *failed state*[342] verstanden werden.

4. Ergebnis

Die USA verstoßen mit ihren Drohneneinsätzen gegen das Gewaltverbot. Eine Verletzung scheidet aber dann aus, wenn der betroffene Staat dem Einsatz von Drohnen zustimmt. In vielen Fällen wird es an einer solchen Zustimmung aber fehlen.

Liegt eine solche Zustimmung nicht vor, so sind die Drohneneinsätze der USA außerhalb bewaffneter Konflikte völkerrechtswidrig. Eine Rechtfertigung mit Verweis auf ein Selbstverteidigungsrecht nach Art. 51 S. 1 UNCh kommt nicht in Betracht. Es fehlt bereits an der Gegenwärtigkeit eines bewaffneten Angriffs auf die USA.

Zwar können taugliche Angreifer i. S. d. Art. 51 S. 1 UNCh auch private Akteure sein. Ist eine Zurechnung ihres Verhaltens zu einem Staat nicht möglich, sind für das Vorgehen gegen sie im Aufenthaltsstaat jedoch hohe Hürden anzulegen. Die Durchführung von Selbstverteidigungsmaßnahmen ist nur statthaft, wenn der Aufenthaltsstaat nicht willens oder nicht fähig ist, gegen die

---

[342] Vgl. Fn. 199.

nicht-staatlichen Angreifer vorzugehen. Es ist jedoch nicht bekannt, dass Staaten derzeit willentlich die Bekämpfung von „Terroristen" ablehnen. Eine *Nicht-Fähigkeit* ist erst dann zu unterstellen, wenn eine Regierung (faktisch) nicht existent ist (*failed state*).

IV. US-Drohneneinsätze und Menschenrechte

Einer der herausragenden Rechtsakte zum universellen Schutz der Menschenrechte ist der Menschenrechtspakt (IPbpR)[343]. Die USA sind Vertragspartei des IPbpR. US-Drohneneinsätze könnten einen Verstoß gegen Art. 6 I 3 IPbpR[344], dem Verbot willkürlicher Tötungen, darstellen. Menschenrechtsregeln finden sowohl außerhalb wie innerhalb bewaffneter Konflikte Anwendung[345].

1. Anwendbarkeit des IPbpR

Es ist unklar, ob die Regeln zum Schutz von Menschenrechten im Fall von US-Drohneneinsätzen Anwendung finden können. Der Wortlaut des Art. 2 I IPbpR ist nicht eindeutig[346].

---

[343] *Stein/v. Buttlar*, Rn. 1008; *Hobe*, S. 413.
[344] Deutsche Fassung: BGBl. 1973 II S. 1533.
[345] *Vedder*, in: HGR VI/2, § 174, Rn. 3.
[346] Vgl. *Kapaun*, S. 282.

Teilweise wird er so verstanden, dass die Anwendung des IPbpR voraussetzt, dass sich die Personen auf dem Territorium des Vertragsstaates aufhalten *und* seiner Herrschaftsgewalt unterworfen sind[347]. Auch die USA vertreten diese Rechtsauffassung[348].

Der UN-Menschenrechtsausschuss hingegen lässt Alternativität genügen: Er nimmt eine Bindung an die Regeln des IPbpR an, wenn Personen sich im Vertragsstaat aufhalten *oder* wenn dieser Herrschaftsgewalt ausübt[349]. Der IGH geht ebenfalls von einer exterritorialen Geltung des IPbpR aus: Er nahm eine Bindung Israels an den IPbpR in den besetzten palästinensischen Gebieten an[350]; auch wurde eine Bindung der ugandischen Armee an den

---

[347] *Dennis*, AJIL 99 (2005), 119 (127).

[348] Second and Third Reports of the United States of America to the Human Rights Committee, 21.10.2001, UN Doc. CCPR/C/USA/3, S. 109, http://www.bayefsky.com//reports/us_ccpr_c_usa_3_2005.pdf, zuletzt abgerufen am 03.09.2016.

[349] HRC, General Comment 31, U.N. Doc. CCPR/C/21/Rev.1/Add.13 (2004), Rn. 10, http://hrlibrary.umn.edu/gencomm/hrcom31.html, zuletzt abgerufen am 08.09.2016; HRC, Lopez Burgos/Uruguay, Communication No. R.12/52, U.N. Doc. Supp. No. 40 (A/36/40) at 176 (1981), Rn. 12.3, http://hrlibrary.umn.edu/undocs/session36/12-52.htm, zuletzt abgerufen am 08.09.2016; vgl. auch *Kälin/Künzli*, Rn. 365; *Schmalenbach*, JöR 2012, S. 251 (257).

[350] IGH, *Legal Consequencenes oft the Construction oft the Wall in Occupied Palestinan Territory,* Advisory Opinion of 9 July 2004, ICJ Rep. 2004, p. 136, 180, Rn. 111.

Menschenrechtspakt bei ihrem Militäreinsatz im Kongo angenommen[351].

Art. 1 Nr. 3 UNCh spricht für eine exterritoriale Geltung des IPbpR. Danach haben sich die Mitglieder der UN das Ziel gesetzt, die Menschenrechte zu achten. Die Wahrung der Menschenrechte ist mithin eines der Hauptziele der internationalen Staatengemeinschaft[352]; Menschenrechte sind universell[353]. Der Wortlaut des Art. 2 I IPbpR spricht auch nicht dagegen[354]. Zumindest ein Kernbestand der Menschenrechte ist als zwingende Norm des Völkerrechts zu werten (*ius cogens*)[355]. Hierzu gehört auch der Schutz vor willkürlichen Tötungen[356], da es sich um ein elementares Menschenrecht handelt[357]. Deshalb ist die exterritoriale Anwendbarkeit des IPbpR zumindest in Hinblick auf das Verbot willkürlicher Tötungen zu bejahen[358].

---

[351] *Congo*, ICJ Rep. 2005, p. 168, 242 f., Rn. 216 (Fn. 194).
[352] *Hobe*, S. 407.
[353] *Vedder*, in: HGR VI/2, § 174, Rn. 1.
[354] Mit ausführlicher Argumentation *Kälin/Künzli*, Rn. 366.
[355] IGH, *Barcelona Traction, Light and Power Company, Limited*, Judgment of 5 February 1970, ICJ Rep. 1970, p. 3, 33 f., Rn. 34; *Stein/v. Buttlar*, Rn. 1000.
[356] *Oeter*, in: HStR XI, § 180, Rn. 22 m. W. N.; *Stein/v. Buttlar*, Rn. 1000.
[357] *Oeter*, in: HStR XI, § 180, Rn. 22.
[358] Vgl. auch *Kapaun*, S. 287 f.; *Ewer/Thienel*, NJW 2014, S. 30 (32); *Vedder*, in: HGR VI/2, § 174, Rn. 12.

Gleichwohl stellt sich die Frage, ob die USA Herrschaftsgewalt i. S. d. Art. 2 I IPbpR ausüben, wenn sie Drohnen über dem Territorium fremder Staaten einsetzen. Herrschaftsgewalt setzt eine wirksame Kontrolle eines Gebietes außerhalb des eigenen Staatsgebietes voraus[359]. Das Bombardieren eines Gebietes im Überflug ohne Truppen am Boden stellt aus Sicht des EGMR keine wirksame Kontrolle eines Gebietes dar[360]. Eine Kontrolle über ein Gebiet sei aber anzunehmen, wenn *militärische Präsenz* bestehe[361].

Zwar lassen sich Kampfdrohnen durchaus als Bombardierung im Überflug verstehen, so dass man, wenn man die Rechtsprechung

---

[359] EGMR, Urteil v. 23.03.1995, *Loizidou/Türkei*, Nr. 15318/89, Rn. 62 f.; *Ewer/Thienel*, NJW 2014, S. 30 (32); *Frau*, HuV-I 2013, S. 130 (134); *Kälin/Künzli*, Rn. 369; *Paust*, Transnat'l L. & Pol'y 19 (2010), S. 237 (264); *Schmitt*, YIHL 13 (2010), S. 311 (319).

[360] EGMR, Urteil v. 12.12.2001, *Bankovic u. a./Belgien u. a.*, Nr. 52207/99, Rn. 71 ff.; die Rechtsprechung des EGMR hat Vorbildfunktion für andere Menschenrechtssysteme, mithin auch für die Auslegung der Regeln des IPBPR, *Harris/O'Boyle/Bates*, S. 30. Insbesondere sieht die EMRK genau wie die IPBPR als Anwendungsvoraussetzung die Herrschaftsgewalt vor (Art. 1 EMRK), so dass eine rechtliche Vergleichbarkeit gegeben ist.

[361] EGMR, Urteil v. 07.07.2011, *al-Skeini u. a./Vereinigtes Königreich*, Nr. 55721/07, Rn. 137 u. 139; Human Rights Committee, General Comment 31, Rn. 10 (Fn. 349).

des EGMR zugrunde legt, eine Anwendung der Menschenrechtsregeln auf bewaffneten Drohneneinsätze ablehnen kann[362]. Allerdings verkennt dies einen relevanten Unterschied zwischen Drohnen und Kampfflugzeugen: Während Kampfflieger mit hoher Geschwindigkeit ein Gebiet überqueren, können Drohnen eine geraume Zeit über einem eng begrenzten Gebiet verharren[363] oder sogar einzelne Individuen verfolgen[364]. Sie bewegen sich langsam und sind daher relativ gut wahrnehmbar[365], anders als Kampfflugzeuge, die schnell vorbeifliegen. Für Personen am Boden kann eine Drohne hierdurch dauerpräsent sein. Dies führt dazu, dass der Einzelne, über dem eine Drohne kreist, jederzeit Angst haben muss, dass ein Angriff auf sein Leben stattfindet[366]. Die ständige Anwesenheit von Drohnen im Luftraum ist deshalb vergleichbar mit konventioneller militärischer Präsenz[367], bei der gleichfalls dauernde Kontrolle und die Gefahr eines jederzeitigen Angriffes, also Herrschaftsgewalt, besteht.

---

[362] So *Orr*, ILJ 2011, S. 729 (745 f.); *Paust*, Transnat'l L. & Pol'y 19 (2010), S. 237 (264 f.).
[363] Vgl. B. I.
[364] *Frau*, VN 2013, S. 99 (103).
[365] Vgl. B. II.
[366] *Frau*, VN 2013, S. 99 (103); vgl. auch Stanford/NYU Rep., S. 80 ff.
[367] *Städele*, S. 321.

Mithin stellt der Einsatz von Kampfdrohnen im Ausland die Ausübung von Herrschaftsgewalt i. S. d. Art. 2 I IPbpR dar, der Menschenrechtspakt ist anwendbar.

2. Art. 6 IPbpR bei US-Drohneneinsätzen außerhalb bewaffneter Konflikte

Gemäß Art. 6 I 3 IPbpR darf niemand willkürlich seines Lebens beraubt werden. Wann der Tatbestand der „Willkür" erfüllt ist, ist weitgehend ungeklärt[368]. Jedenfalls darf eine staatliche Hinrichtung von Personen nur dann erfolgen, wenn ein Gericht ein rechtskräftiges Urteil erlassen und es sich bei der Tat um ein schwerstes Verbrechen handelt (Art. 6 II IPbpR). Der Staat ist zudem stets zum Schutz des Lebens verpflichtet (Art. 6 I 2 IPbpR). Aufgrund der Entstehungsgeschichte des Art. 6 I IPbpR gilt, dass Tötungen unter den Umständen, wie sie in Art. 2 II EMRK aufgeführt sind keine willkürliche Tötung darstellen, soweit dabei die gesetzlichen Vorschriften genau beachtet werden[369]. Allen drei Konstellation des Art. 2 II EMRK haben gemein, dass sie eine Tötung nur dann erlauben, wenn sie absolut erforderlich ist, um eine Gefahr für Leib und Leben einer anderen Person abzu-

---

[368] *Hofmann/Boldt*, Art. 6 IPBürgR, Rn. 2; *Kapaun*, S. 306.
[369] *Hofmann/Boldt*, Art. 6 IPBürgR, Rn. 2; *Kapaun*, S. 307 f.

wenden; nur dann ist eine Tötung nicht als willkürlich zu betrachten[370]. Eine Tötung, die rechtsstaatswidrig oder unverhältnismäßig ist, ist hingegen willkürlich[371].

Im Rahmen von US-Drohneneinsätzen entscheidet allein die US-Administration über Angriffe auf Zielpersonen, unabhängige Gerichte sind nicht eingebunden. Eine Überprüfung ihrer Schuld nach rechtsstaatlichen Maßstäben findet nicht statt, so dass die Tötungen rechtstaatswidrig sind. Ausnahmen i. S. d. Art. 2 II EMRK werden im Regelfall nicht vorliegen.

Eine „absolute Erforderlichkeit", zu der auch die Dringlichkeit der Tötung gehört[372], wird im Regelfall zu verneinen sein. Allein schon die lange Befehlskette, durch welche es mehrere Wochen dauern kann, ehe Zielpersonen durch Drohnen angegriffen werden[373], spricht dagegen. Nur wenn die Tötung tatsächlich zur Abwendung einer konkret bestehenden Gefahr stattfindet und diese nicht anders abwendbar ist, kann die gezielte Tötung mittels Drohne sich als nicht willkürlich darstellen.

---

[370] *Kapaun*, S. 310; vgl. *Alston*, Rn. 32; *Marauhn*, in: DSF 2013, S. 26 (49); *Melzer*, Targeted Killing, S. 59; *Rudolf/Schaller*, S. 20 f.; *Wuschka*, GoJIL 3/2011, S. 891 (898).
[371] *Vedder*, in: HGR VI/2, § 174, Rn. 22.
[372] Herleitung siehe *Kapaun*, S. 308 ff.
[373] Vgl. C. I

Damit handelt es sich bei gezielten Tötungen im Rahmen von US-Drohneneinsätzen außerhalb bewaffneter Konflikte zumeist um verbotene extralegale Tötungen, eine Verletzung des Art. 6 I 3 IPbpR liegt vor[374].

3. Art. 6 IPbpR bei US-Drohneneinsätzen innerhalb bewaffneter Konflikte

Im Rahmen bewaffneter Konflikte sind neben dem Menschenrechtspakt auch die Regeln des humanitären Völkerrechts zu berücksichtigen[375]. Es gilt: Sofern die Tötung von Gegnern mit den Regeln des humanitären Völkerrechts vereinbar ist, liegt kein Verstoß gegen Art. 6 I 3 IPbpR vor – die Tötung war dann erlaubt[376]. Sind die Regeln des humanitären Völkerrechts verletzt, liegt gleichzeitig auch ein Verstoß gegen das Verbot willkürlichere Tötungen vor. Beim Einsatz von US-Drohnen ist dafür auf den konkreten Einzelfall abzustellen[377].

---

[374] Vgl. auch *Alston*, Rn. 85; *Hobe*, in: FS Walther-Schücking-Institut, S. 249 (262); *Richter*, SWP Aktuell 28, 2013, S. 2.

[375] *Nuclear weapons*, ICJ Rep. 1996, p. 226, 240 Rn. 25 f. (Fn. 80); *Alston*, Rn. 29; *Boor*, HuV-I 2011, S. 97 (100); *Kapaun*, S. 271; *Orr*, ILJ 2011, S. 729 (745); *Schaller*, SWP Aktuell 67, 2009, S. 4; *Thym*, DÖV 2010, S. 621 (625 f.); *Zimmermann*, MRM 2013, S. 96 (97).

[376] *Wall*, ICJ Rep. 2004, p. 136, 178 ff., Rn. 107 ff. (Fn. 350); *Boor*, HuV-I 2011, S. 97 (100); *Krieger*, in: Dörr/Grote/Marauhn, Kap. 8, Rn. 20 ff.; *Richter*, HuV-I 2011, S. 105 (110); *Stroh*, in: Frau, S. 137 (149).

[377] Vgl. D. II.

V. Ergebnis

Finden US-Drohneneinsätze außerhalb bewaffneter Konflikte statt, verstoßen sie sowohl gegen die Regeln des *ius contra bellum* als auch gegen das Verbot willkürlicher Tötungen nach Art. 6 I 3 IPbpR[378]. Innerhalb bewaffneter Konflikte stehen sie teilweise im Widerspruch zum *ius in bello*. Insbesondere beachten sie den Unterscheidungsgrundsatz und das Pardongebot nicht ausreichend. Außerdem können Angriffe auf zivile Einrichtungen das Gebot der Verhältnismäßigkeit missachten.

E. Völkerrechtliche Verantwortung Deutschlands bei US-Drohneneinsätzen

Nachdem feststeht, dass ein Teil der US-Drohneneinsätze nicht im Einklang mit dem Völkerrecht steht, stellt sich aus deutscher Sicht die Anschlussfrage: Inwiefern verstößt die Bundesrepublik gegen völkerrechtliche Normen, indem die US-Militärbasen auf deutschem Boden möglicherweise an US-Drohneneinsätzen beteiligt sind?

---

[378] So zu gezielten Tötungen außerhalb bewaffneter Konflikte im Ergebnis auch *Emmerson*, S. 17; *Melzer*, Targeted Killing, S. 423; *Städele*, S. 320.

I. Tatsächlicher Anknüpfungspunkt für Staatsverantwortlichkeit

Mögliche Anknüpfungspunkte[379] für eine Pflichtverletzung seitens der Bundesrepublik Deutschland speisen sich aus folgenden Vorwürfen:

1. dass sie den Betrieb einer Satellitenrelaisstation in der US-Militärbasis in Ramstein zulasse, ohne die eine Echtzeitkommunikation zwischen Drohnenpilot und Drohne nicht möglich wäre[380].
2. dass sie es dulde, dass in Ramstein die Bildauswahlentscheidung für die Drohneneinsätze stattfinde[381].
3. dass sie dulde, dass die US-Militärbasis in Stuttgart an den Drohnenangriffen in Afrika beteiligt sei[382].

Es könnte eine völkerrechtliche Pflicht[383] der Bundesrepublik bestehen, diese möglichen Beteiligungen der auf deutschem Territorium befindlichen US-Militärbasen an US-Drohneneinsätzen nicht zuzulassen.

---

[379] „Möglich", da es keine sichere Kenntnis über diese Umstände gibt.
[380] *Bartsch, Matthias* u. a.: Der Krieg via Ramstein (Fn. 63).
[381] Ebd.
[382] *Fuchs, Christian* u. a.: US-Streitkräfte steuern Drohnen von Deutschland aus (Fn. 66).
[383] Zum Begriff siehe *Schröder*, in: Graf Vitzthum/Proelß, S. 547, Rn. 11.

II. Verbot der Beihilfe

Art. 16 ILC-Entwurf[384] normiert, dass ein Staat, der einem anderen Staat bei völkerrechtswidrigem Handeln hilft, dafür völkerrechtlich verantwortlich ist[385]. Die Beihilfe zu einem völkerrechtlichen Delikt ist selbst ein Delikt[386].

Zum Teil wird vertreten, dass jede Unterstützungshandlung genüge[387]. Andere nehmen an, dass die Unterstützungshandlung bedeutend sein müsse[388]. Im Falle der US-Drohneneinsätze kann dies dahinstehen. Denn falls die Satellitenrelaisstation in der *Ramstein Air Base*, wie Medienberichte schlüssig nahelegen[389], zwingend notwendig ist, um eine Echtzeitverbindung zwischen Drohne und Piloten zu ermöglichen, ist die Zurverfügungstellung

---

[384] Zur rechtlichen Bindung an den ILC-Entwurf siehe Fn. 205.
[385] Vgl. auch *Felder*, S. 89 f.; *Klein*, in: FS Schlochauer, S. 425 (430); *Pieper*, S. 404.
[386] BVerwG, NJW 2006, S. 77 (95); *Bothe*, AVR 41 (2003), S. 255 (266); *Schröder*, in: Graf Vitzthum/Proelß, S. 554, Rn. 27; Kommentar zum ILC-Entwurf, S. 67, Rn. 10, http://legal.un.org/ilc/texts/instruments/english/commentaries/9_6_2001.pdf, zuletzt abgerufen am 17.08.2016.
[387] *Klein*, in: FS Schlochauer, S. 425 (430 f.).
[388] *Felder*, S. 249 f.
[389] *Bartsch, Matthias* u. a.: Der Krieg via Ramstein (Fn. 63).

der Liegenschaft bzw. die Genehmigung zum Betrieb der Satellitenrelaisstation sogar eine *conditio sine qua non* für die gezielte Tötung von Personen durch Kampfdrohnen[390].

Allerdings ist neben der objektiven Hilfeleistung laut Art. 16 lit a. ILC-Entwurf auch die *Kenntnis* über den Beihilfecharakter der Handlung erforderlich[391]. Es muss eine kausale Verbindung von Hilfeleistung und Deliktbegehung intendiert sein[392]. Es reicht nicht, dies zu vermuten, es muss *erwiesen* sein[393]. Ob US-Militärbasen auf deutschem Boden tatsächlich an den weltweiten US-Drohneneinsätze beteiligt sind, lässt sich aufgrund der vorliegenden Anhaltspunkte nicht sicher feststellen[394]. Die Bundesregierung beruft sich auf Nichtkenntnis[395]. Solange keine Sicherheit

---

[390] Zwar planen die USA die Errichtung einer zweiten Relaisstation in Italien (vgl. *Bartsch, Matthias* u. a.: Der Krieg via Ramstein, Fn. 63). Aber auch nach der Fertigstellung wäre Ramstein wohl noch bedeutsam für die US-Drohneneinsätze.

[391] Vgl. auch Kommentar zum ILC-Entwurf, S. 66, Rn. 3 (Fn. 386).

[392] *Klein*, in: FS Schlochauer, S. 425 (431 f.); Kommentar zum ILC-Entwurf, S. 66, Rn. 5 (Fn. 385).

[393] *Klein*, in: FS Schlochauer, S. 425 (432); *Pieper*, S. 405.

[394] Medienberichte wie *Bartsch, Matthias* u. a.: Der Krieg via Ramstein (Fn. 63) legen dies schlüssig nahe, eine offizielle Bestätigung liegt aber nicht vor, vgl. C. II.

[395] BT-Drs. 17/14401, Antwort auf Frage 21, S. 9; BT-Drs. 18/237, Antwort auf Frage 25 b), S. 12.

darüber besteht, ob die Beiträge der Bundesrepublik Beihilfecharakter haben, ist auch nicht von einer Beihilfe zu einem Völkerrechtsdelikt auszugehen.

III. Verletzung von Neutralitätspflichten

Indem die Bundesrepublik ihr Staatgebiet für US-Militärbasen zur Verfügung stellt, obwohl die USA in bewaffnete Konflikte durch ihre Drohneneinsätze involviert sind, könnte Deutschland seine Neutralitätspflichten verletzen. Das Neutralitätsrecht ist im V.[396] und VIII.[397] Haager Abkommen kodifiziert. Grundgedanke der Abkommen ist, dass jedwede Art der militärischen Nutzung des Territoriums eines neutralen Staates verboten ist[398]. Der neutrale Staat seinerseits darf sich *in keiner Weise* an einem Konflikt beteiligen[399]. Beide Abkommen sind für Deutschland rechtsverbindlich, auch weil sie gewohnheitsrechtlich anerkannt sind[400].

---

[396] RGBl. 1910, S. 151.
[397] RGBl. 1910, S. 343.
[398] *v. Heinegg*, in: FS Fleck, S. 221 (224); *Herdegen,* § 57, Rn. 2; *Ipsen*, in: Ipsen, § 65, Rn. 18; *Stein/v. Buttlar,* Rn. 1300.
[399] *Bothe*, in: Graf Vitzthum/Proelß, S. 667, Rn. 104; *Bothe*, AVR 41 (2003), S. 255 (267); *v. Heinegg*, in: FS Fleck, S. 221 (239); *Herdegen*, § 57, Rn. 1; *Pieper*, S. 18 f.; *Stein/v. Buttlar,* Rn. 1298; vgl. auch Art. 5 des V. Haager Abkommens.
[400] *Bindschelder*, ZaöRV 1956, S. 1 (3); *v. Heinegg*, in: FS Fleck, S. 221 (222); *Pieper*, S. 17 f.

Deutschland bekennt sich auch ausdrücklich zum Neutralitätsrecht[401].

1. Anwendbarkeit des Neutralitätsrechts

Gemäß Art. 2 des V. Haager Abkommens ist Voraussetzung für die Anwendung des Neutralitätsrechts das Vorliegen eines *Krieges*. Als Krieg im Rechtssinne ist im heutigen Völkerrecht der *internationale bewaffnete Konflikt* zu verstehen[402]. Ein internationaler bewaffneter Konflikt setzt die Auseinandersetzung zwischen zwei Völkerrechtssubjekten voraus[403]. Das ist der Fall, wenn ein Staat auf dem Territorium eines anderen Staates Gewalt ausübt[404].

Allerdings richten sich die US-Drohneneinsätze nicht gegen andere Staaten, sondern gegen nicht-staatliche Akteure[405]. Es ist daher unklar, ob sie einen internationalen bewaffneten Konflikt darstellen, in dessen Folge das Neutralitätsrecht Anwendung fände.

---

[401] Siehe Zentrale Dienstvorschrift 15/2 des Bundesministeriums der Verteidigung, Rn. 1201, https://www.bmvg.de/resource/resource/MzEzNTM4MmUzMzMyMmUzMTM1MzMyZTM2MzEzMDMwMzAzMDMwMzAzMDY5NjQ2YzY3NjczOTc5NzkyMDIwMjAyMDIw/ZDv%2015_2._rep.pdf,zuletzt abgerufen am 12.08.2016.

[402] *Ipsen*, in: Ipsen, § 65, Rn. 1; *Pieper*, S. 11; *Stein/v. Buttlar*, Rn. 1214.

[403] Siehe D. I. 2.

[404] *Kapaun*, S. 193 f.

[405] Siehe Fn. 139 und D. III. 3. c).

Einigkeit herrscht dahingehend, dass es sich um *keinen* internationalen bewaffneten Konflikt handelt, wenn der Territorialstaat der Intervention zustimmt[406]. Fehlt es an einer solchen Zustimmung, stellt sich die Frage, ob ein internationaler bewaffneter Konflikt vorliegt und damit das Neutralitätsrecht Anwendung findet.

Wenn Aufständische, gegen die ein Staat vorgeht, nicht als kriegsführend[407] anerkannt sind, so handelt es sich nach einer Auffassung um eine *nationale* Auseinandersetzung[408]. Das Neutralitätsrecht findet keine Anwendung[409], denn den nicht-staatlichen Akteuren kommt keine Völkerrechtssubjektivität zu[410]. Das hätte zur Folge, dass die US-Drohneneinsätze nicht in Zusammenhang mit einem bewaffneten internationalen Konflikt stattfinden.

---

[406] *Akande*, in: Wilmshurst, S. 32 (73); *Kapaun*, S. 193; *Pieper*, S. 422; *Städele*, S. 186.
[407] Siehe Fn. 93.
[408] *Kapaun*, S. 200; *Sassoli*, S. 4; *Schaller*, S. 17; *Schmalenbach*, JöR 2012, S. 251 (258).
[409] *Pieper*, S. 424.
[410] *Kapaun*, S. 195; vgl. auch *Bothe*, in: Graf Vitzthum/Proelß, S. 680, Rn. 128; *Schaller*, S. 17.

Die Gegenauffassung bejaht das Vorliegen eines internationalen bewaffneten Konflikts in Fällen, in denen es an einer Zustimmung fehlt und sich das Vorgehen gegen private Akteure richtet[411]. Sie lässt sich durch die Argumentation bzgl. des Gewaltverbotes stützen: Dieses findet *zwischen* Staaten Anwendung[412]. US-Drohneneinsätze in anderen Staaten erfüllen den Tatbestand des Gewaltverbotes[413]. Insofern wäre es ein Widerspruch, einerseits die Verletzung des Gewaltverbotes gegenüber den Aufenthaltsstaaten zu bejahen, aber gleichzeitig keinen internationalen Konflikt anzunehmen[414].

Zwar ist es richtig, dass nicht-staatlichen Akteuren keine Völkerrechtssubjektivität zukommt. Insofern wäre eine *bloße* Gewaltanwendung gegen sie kein internationaler bewaffneter Konflikt. Allerdings lässt sich die Waffengewalt gegen private Akteure in einem Aufenthaltsstaat nicht von der Waffengewalt gegen den Staat selbst trennen[415]. Das gilt schon deshalb, weil es nahezu immer zu Begleitschäden an der staatlichen Infrastruktur kommt.

---

[411] *Akande*, in: Wilmshurst, S. 32 (73 ff.) mit zahlreichen Beispielen und ausführlicher Argumentation; *Bruha*, AVR 40 (2002), S. 383 (414); *Städele*, S. 200.
[412] Siehe D. III. 1. c).
[413] Siehe D. III. 1.
[414] Ausführlich: *Akande*, in: Wilmshurst, S. 32 (74).
[415] *Städele*, S. 200 f.

Zudem besteht ein Staat nach der Drei-Elemente-Lehre nicht nur aus den staatlichen Institutionen (der Staatsgewalt), sondern auch aus dem Staatsgebiet und dem Staatsvolk[416]. Zwar richten sich die Drohnenangriffe nicht gegen die Regierung des Aufenthaltsstaates der nicht-staatlichen Akteure, wohl aber gegen das Staatsgebiet und das Staatsvolk.

Für einen internationalen bewaffneten Konflikt ist es auch nicht nötig, dass beide Staaten Gewalt ausüben. Es reicht aus, wenn ein Staat gegen einen anderen Gewalt ausübt: Der Angegriffene muss sich nicht notwendigerweise verteidigen[417].

Im Ergebnis sprechen die besseren Argumente für das Vorliegen eines internationalen bewaffneten Konflikts, wenn die USA Drohnen gegen private Akteure einsetzen und der Aufenthaltsstaat nicht zugestimmt hat. Daher findet das Neutralitätsrecht Anwendung.

---

[416] Vgl. *Epping*, in: Ipsen, § 5, Rn. 3.
[417] *Akande*, in: Wilmshurst, S. 32 (74); *Stein/v. Buttlar*, Rn. 1217.

2. Neutraler Status

Ein Staat ist als völkerrechtlich neutral anzusehen, wenn er sich an einem bewaffneten Konflikt nicht beteiligt[418]. Den Neutralitätsstatus erwirbt ein Staat im Fall der Nichtteilnahme am Konflikt automatisch[419]. Deutschland ist zwar am bewaffneten Konflikt in Afghanistan beteiligt[420], daher dort nicht neutral. Allerdings ist Deutschland nicht Konfliktpartei in Ländern wie Pakistan, Jemen oder Somalia, in denen ebenfalls US-Drohneneinsätze stattfinden.

Zwar gab es in der Vergangenheit immer wieder Fälle, in denen ein Staat sich als „nicht-kriegsführend" bezeichnet hat[421]. Einen solchen Status zwischen Neutralität und Konfliktbeteiligung gibt es jedoch nicht, er ist völkerrechtswidrig[422]. Daher ist Deutschland in Bezug auf die US-Drohneneinsätze, mit Ausnahme der Einsätze in Afghanistan, als neutraler Staat anzusehen.

---

[418] BVerwG, NJW 2006, S. 77 (96); *v. Arnauld,* Rn. 1267; *Bindschelder,* ZaöRV 1956, S. 1 (1); *v. Heinegg,* in: FS Fleck, S. 221 (222); *Herdegen,* § 57, Rn. 1; *Stein/v. Buttlar,* Rn, 1296.

[419] *Stein/v. Buttlar,* Rn. 1296.

[420] Vgl. Antrag der Bundesregierung zur Entsendung der Bundeswehr nach Afghanistan, BT-Drs. 18/3246, durch den Bundestag am 18.12.2014 angenommen, vgl. Plenarprotokoll 18/76, S. 7282.

[421] Vgl. *Bothe,* AVR 41 (2003), S. 255 (267).

[422] *Bindschelder,* ZaöRV 1956, S. 1 (26), *Bothe* AVR 41 (2003), S. 255 (267), *Herdegen,* § 56, Rn. 3; *Pieper,* S. 282.

Hieran vermag auch die gemeinsame NATO-Mitgliedschaft Deutschlands und der USA nichts zu ändern. Die Pflichten innerhalb der NATO beziehen sich ausschließlich auf den Fall kollektiver Selbstverteidigung[423]. Die US-Drohneneinsätze unterfallen aber nicht dem Selbstverteidigungsrecht[424]. Keine Vereinbarung innerhalb der NATO verpflichtet Deutschland, entgegen der UNCh zu handeln, d. h. völkerrechtswidrige Handlungen der NATO-Partner zu unterstützen[425]. Im Gegenteil: Art. 1 NATO Vertrag[426] verpflichtet die Mitgliedstaaten explizit, in „Übereinstimmung mit der Satzung der Vereinten Nationen" zu handeln.

3. Inhalt der Neutralitätspflicht

Der neutrale Staat muss jede militärische Unterstützung für eine der Konfliktparteien unterlassen[427] und darf sein Staatsgebiet kei-

---

[423] *Bothe*, AVR 41 (2003), S. 255 (268 f.).
[424] Vgl. D. III. 3.
[425] BVerwG, NJW 2006, S. 77 (96).
[426] BGBl II 1955, 289.
[427] *v. Arnauld*, Rn. 1270; *Bothe*, in: Graf Vitzthum/Proelß, S. 667, Rn. 105; *Herdegen*, § 57, Rn. 1.

ner der Konfliktparteien zur militärischen Nutzung zur Verfügung stellen[428]. Er darf keine Operationsbasen einer Konfliktpartei auf seinem Territorium dulden (Art. 5 I i. V. m. Art 3 lit. b des V. Haager Abkommens)[429]. Zudem muss er die Einrichtung oder Nutzung funktelegrafischer Stationen zur militärischen Kommunikation verhindern (Art. 5 i. V. m. Art. 3 lit. a des V. Haager Abkommens). Allgemein gilt, dass der neutrale Staat nicht dulden darf, dass sich eine Konfliktpartei gegen seinen Willen seiner Ressourcen bedient[430].

4. Verletzung der Neutralitätspflicht und Folgen

Sollten die US-Militärbasen in Ramstein und Stuttgart tatsächlich in die Durchführung von US-Drohneneinsätzen eingebunden sein, verletzt die Bundesrepublik ihre Neutralitätspflicht, indem sie Operationsbasen zur Verfügung stellt und durch den Betrieb der Satellitenrelaisstation in Ramstein einer funktelegrafischen Verbindung zur militärischen Kommunikation duldet.

---

[428] *v. Arnauld*, Rn. 1268; *Bindschelder*, ZaöRV 1956, S. 1 (17); *Herdegen*, § 57, Rn. 1.
[429] vgl. auch *Bindschelder*, ZaöRV 1956, S. 1 (2); *Ipsen*, in: Ipsen, § 65, Rn. 25.
[430] *Bothe*, in: Graf Vitzthum/Proelß, S. 667, Rn. 105.

Allerdings lässt sich (derzeit) nicht sicher beweisen, dass die US-Militärbasen in Deutschland in die US-Drohneneinsätze eingebunden sind. Möglicherweise könnten die Bundesrepublik auch dann Pflichten als neutraler Staat treffen, wenn nur *Vermutungen* über die Verletzung des neutralen Status durch eine Konfliktpartei vorliegen.

Grundsätzlich gilt, dass ein neutraler Staat, den eine Konfliktpartei als Basis für militärische Operationen nutzt, mit *allen* zur Verfügung stehenden Mittel aktiv tätig werden muss, um eine Neutralitätspflichtverletzung zu beenden[431]. Dabei muss nötigenfalls über diplomatische Mittel hinaus reagiert werden: Aus Art. 10 des V. Haager Abkommens ergibt sich sogar die *Verpflichtung,* militärische Maßnahmen zu ergreifen, wenn eine Reaktion unterhalb der Gewaltanwendung ungeeignet ist, um die Neutralitätspflichtverletzung zu beenden[432]. Der neutrale Staat muss also zur Erfüllung seiner Pflicht alle *zumutbaren* Möglichkeiten ausschöpfen[433].

---

[431] *Bindschelder*, ZaöRV 1956, S. 1 (21); *Bothe*, in: Graf Vitzthum/Proelß, S. 670, Rn. 111; *Bothe*, AVR 41 (2003), S. 255 (267); *v. Heinegg*, in: FS Fleck, S. 221 (224 f.); *Stein/v. Buttlar,* Rn. 1301.

[432] Vgl. BVerwG, NJW 2006, S. 77 (96); *Bindschelder*, ZaöRV 1956, S. 1 (21 f.), *Heinegg*, in: FS Fleck, S. 221 (225).

[433] *Bindschelder*, ZaöRV 1956, S. 1 (2).

Diese strengen Vorgaben, zu denen das Völkerrecht den neutralen Staat verpflichtet, machen deutlich, dass dieser nicht untätig bleiben darf, wenn er Informationen erhält, die auf die Verletzung seines neutralen Status hindeuten. In einem ersten Schritt obliegt es ihm, diplomatische Initiativen zu ergreifen. Falls diese nicht ausreichen, sind auch nachrichtendienstliche Aufklärung und Befragung von Zeugen und Sachverständigen erforderlich. Jedenfalls kann es für die zumutbare Aufklärung nicht ausreichend sein, Fragen an eine der Konfliktparteien zu stellen und sich damit abzufinden, dass diese nicht oder unzureichend beantwortet werden[434]. Die strengen Neutralitätspflichten verpflichten in einem solchen Fall vielmehr zu einem *aktiven* Tätigwerden. Letztlich liegt es in der Pflicht des Staates, der in einem bewaffneten Konflikt involviert ist, jeden Zweifel gegenüber dem neutralen Staat auszuräumen.

Allgemeine Versicherungen der USA, sie würden von den US-Militärbasen in Ramstein und Stuttgart keine Drohnen befehligen

---

[434] Vgl. zur Fragepraxis der Bundesregierung und der Beantwortung durch die US-Regierung F. II. 4. b) und c).

oder steuern und das amerikanische Personal handele rechtmäßig[435], werden diesen Anforderungen nicht gerecht. Das gilt schon deshalb, weil gar nicht im Raum steht, dass US-Drohnen von deutschem Boden aus gesteuert werden. Vielmehr ist tatsächlicher Anknüpfungspunkt für die völkerrechtliche Bewertung die Vermutung, dass *Funkverbindungen* durchgeleitet und Daten ausgewertet werden[436]. Dass dies geschieht, haben die USA zu keinem Zeitpunkt dementiert. Ebenso wenig hat die Bundesregierung hierzu Stellung genommen, sondern nur auf die Versicherungen der US-Seite verwiesen[437]. Auch entspricht die Rechtsauffassung der USA hinsichtlich der Bekämpfung des globalen Terrors nicht den völkerrechtlichen Vorgaben[438].

Zwar hat die Bundesregierung in Folge der Medienberichte über die mögliche Beteiligung der US-Militärbasen in Ramstein und Stuttgart an den US-Drohneneinsätzen im April 2014 einen Fragenkatalog an die US-Regierung geschickt[439]. Dieser Fragenkatalog ist aber auch mehr als zwei Jahre später unbeantwortet ge-

---

[435] BT-Drs. 18/237, Antwort auf Frage 18, S. 10.
[436] Vgl. *Bartsch, Matthias* u. a.: Der Krieg via Ramstein (Fn. 63).
[437] Siehe Fn. 438.
[438] Vgl. D. I. 2.; D. II. 2., D. III., D. IV. 2.
[439] Fn. 7.

blieben. Als neutraler Staat wäre Deutschland zu weiteren Maßnahmen verpflichtet. Das gilt in besonderer Weise, insofern die USA *keine* generelle Versicherung abgegeben haben, dass von den US-Militärbasen auf deutschem Boden kein Mitwirkungsbeitrag an den Drohneneinsätzen der USA erfolge. Da seitens der Bundesrepublik trotz dieser Umstände keine weiteren zumutbaren Maßnahmen[440], außer das Stellen neuer Fragen[441], ergriffen wurden, liegt ein Verstoß gegen die Neutralitätspflicht vor.

Mithin verstößt die Bundesrepublik gegen das Völkerrecht.

F. Verfassungsrechtliche Verantwortung Deutschlands bei US-Drohneneinsätzen

Die staatlichen Institutionen der USA selbst sind nicht an das Grundgesetz gebunden. Jedoch besteht der schlüssige Verdacht, dass US-Militärbasen in Deutschland an der Durchführung von US-Drohneneinsätzen beteiligt sind. Daher stellt sich die verfassungsrechtliche Frage, ob die Bundesrepublik Deutschland ver-

---

[440] Zu weiteren möglichen Maßnahmen siehe F. II. 4. d).
[441] Vgl. Fn. 509.

pflichtet ist, aktiv gegen Mitwirkungshandlungen an völkerrechtswidrigen[442] Handlungen auf eigenem Staatsterritorium einzuschreiten.

I. Allgemeine Regeln des Völkerrechts als Teil des Bundesrechts, Art. 25 S. 1 GG

Durch Art. 25 S. 1 GG sind „die allgemeinen Regeln des Völkerrechts" Bestandteil des Bundesrechts. Diese Regeln bedürfen keines Transformationsgesetzes, um innerstaatliche Rechtswirkungen zu erzeugen[443]. Zu den allgemeinen Regeln gehören die zwingenden Vorschriften des Völkerrechts (*ius cogens*), das Völkergewohnheitsrecht und die allgemeinen Rechtsgrundätze (Art. 38 I lit. b, c IGHS)[444]. Bei US-Drohneneinsätzen sind das Gewaltverbot[445] und die Regeln des humanitären Völkerrechts[446] von Bedeutung – beide fallen in den Anwendungsbereich des Art. 25 S. 1 GG[447]. Aufgrund von Art. 25 GG sind *alle* Träger öffentlicher

---

[442] Vgl. D. I. 2.; D. II. 2., D. III., D. IV. 2.
[443] *Herdegen*, in: Maunz/Dürig, GG, Art. 25, Rn. 37; *Hobe*, S. 245.
[444] BVerfGE 15, 25 (34 f.), 16, 27 (33); 23, 288 (317); *Herdegen*, § 22, Rn. 13; *Herdegen*, in: Maunz/Dürig, GG, Art. 25, Rn. 19; *Hobe*, S. 244.
[445] Siehe D. III. 1.
[446] Siehe D. II. BVerwGE 131, 198, Rn. 20; *Becker*, DÖV, S. 493 (499).
[447] Zum Gewaltverbot und Art. 25 GG vgl. BVerfGE 104, 151 (213); *Hofmann*, in: Umbach/Clemens, GG, Art. 25, Rn. 13; *Herdegen*, in: Maunz/Dürig, GG, Art. 25, Rn. 20; zum humanitären Völkerrecht und Art.

Gewalt zur Beachtung der allgemeinen Regeln des Völkerrechts verpflichtet[448]. Sie haben alles zu unterlassen, was einer unter Verstoß gegen geltendes Völkerrecht vorgenommenen Handlung nichtdeutscher Hoheitsträger im Geltungsbereich des Grundgesetzes Wirksamkeit verschafft und gehindert, an einer gegen völkerrechtliche Normen verstoßenden Handlung nichtdeutscher Hoheitsträger im Ausland bestimmend mitzuwirken[449].

Die Drohneneinsätze der USA finden im Widerspruch zum Gewaltverbot[450] und dem humanitären Völkerrecht[451] statt. Allerdings kann bisher nicht zweifelsfrei nachgewiesen werden, dass Deutschland hierzu Unterstützungsleistungen erbringt: Ob die US-Militärbasen in Ramstein und Stuttgart an den US-Drohneneinsätze beteiligt sind, ist nicht sicher. Aus diesem Grund liegt auch kein Verstoß gegen Art. 25 GG vor. Sollten sich die Anhaltspunkte dafür in der Zukunft zu Fakten erhärten, würde sich

---

25 GG vgl. BVerwG, DVBl 2016, S. 849 (852); *Becker,* DÖV, S. 493 (499).

[448] *Hobe,* S. 244; vgl. auch *Kunig,* in: Graf Vitzthum/Proelß, S. 118, Rn. 150.

[449] BVerfGE 75, 1, (19); *Deiseroth,* DVBl 2015, S. 197 (203); *Herdegen,* in: Maunz/Dürig, GG, Art. 25, Rn. 39; *Hofmann,* in Umbach/Clemens, GG, Art. 25, Rn. 20.

[450] Vgl. D. III.

[451] Vgl. D. II.

aus Art. 25 GG eine Handlungspflicht für die Bundesrepublik Deutschland ergeben.

II. Recht auf Leben, Art. 2 II 1 GG

Im Rahmen von US-Drohneneinätzen kommt es zu Tötungen von Personen. Es stellt sich die Frage, ob sich aus Art. 2 II 1 GG eine Pflicht der Bundesrepublik ableiten lässt, in militärische Aktivitäten auf deutschem Staatsterritorium einzuschreiten an denen US-Stellen in Deutschland beteiligt sind.

1. Extraterritoriale Gültigkeit von Art. 2 II 1 GG

a) Anwendbarkeit

Art. 2 II 1 GG müsste für Personen Anwendung finden, die sich außerhalb des Wirkungsbereichs des deutschen Staates befinden. Denn die Betroffenen von US-Drohneneinsätzen sind regelmäßig keine deutschen Staatsbürger und halten sich auch nicht in Deutschland auf. Art. 2 II 1 GG normiert zwar, dass „jedermann" sich auf das Grundrecht auf Leben berufen kann. Umstritten ist allerdings, ob dies auch eine *extraterritoriale* Geltung beinhaltet.

Im Grundsatz gilt, dass die Grundrechte den Staat auf seinem eigenen Staatsgebiet binden[452].

Nach einer Auffassung können Grundrechte nur dann extraterritoriale Geltung entfalten, wenn der deutsche Staat über fremdes Territorium Herrschaftsgewalt ausübt[453]. Begründet wird diese Auffassung mit einem bestimmten staatstheoretischen Verfassungsverständnis, das aus dem staatlichen Gewaltmonopol abgeleitet wird: Wenn der Staat es den Bürgern verbietet, zur Durchsetzung ihrer Interessen Gewalt anzuwenden, so muss er ihnen Schutz vor Gewalt Dritter gewähren[454]. Wer durch den deutschen Staat nicht in der Anwendung von Gewalt eingeschränkt wird, wie dies bei Bürgern anderer Staaten der Fall ist, kann sich auch nicht auf Schutzpflichten der deutschen Staatsgewalt ihm gegenüber berufen[455].

Nach der h. M. aber gelten Grundrechte auch im Hinblick auf im Ausland gelegene Schutzgüter, soweit ein hinreichend konkreter

---

[452] *Badura*, in: HGR II, § 47, Rn. 1; *Kahl*, in: BonnKommGG, Art. 1 Abs. 3, Rn. 199 f.
[453] *Nettesheim*, in: Maunz/Dürig, GG, Art. 59, Rn. 230 f.
[454] *Nettesheim*, in: Maunz/Dürig, GG, Art. 59, Rn. 230.
[455] Ebd.

Bezug zur hoheitlichen Tätigkeit des deutschen Staates besteht[456]. Hierfür wird insbesondere Art. 1 III GG angeführt, welcher eine umfassende Grundrechtsbindung aller drei Gewalten festlegt und nicht zwischen der Ausübung staatlicher Gewalt im In- und Ausland differenziert[457]. Von einer Begrenzung der Geltungskraft der Grundrechte auf das deutsche Staatsgebiet sei weder in dieser allgemeinen Vorschrift, noch in den speziellen Grundrechten die Rede[458].

Dieser Ansatz überzeugt: Grundrechte sind gerade keine staatliche „Gegenleistung" für dessen Gewaltmonopol, sondern zentraler Teil einer objektiven Werteordnung[459]. Art. 2 II 1 GG spricht zudem davon, dass „jedermann" sich auf das Recht auf Leben berufen kann, nennt also ebenfalls keine räumliche Begrenzung.

---

[456] BVerfGE 59, 9 (23); 100, 313 (356); *Badura*, in: HGR II, § 47, Rn. 15 ff.; *Enders*, in: Friauf/Höfling, Art. 1, Rn. 166; *Herdegen*, in: Maunz/Dürig, GG, Art. 1 Abs. 3, Rn. 71; *Hoffmann-Riem*, JZ 2014, S. 53 (56); *Jarass/Pieroth*, Art. 1, Rn. 44; *Kahl*, in: BonnKommGG, Art. 1 Abs. 3, Rn. 222; *Kment*, S. 183; *Löffelmann*, JR 2013, S. 496 (503); *Papier*, NVwZ-Extra 15/2016, S. 1 (5); *Thym*, DÖV 2010, S. 621 (628 f.); *Ullrich*, DVBl 2015, 204 (208).

[457] *Becker*, NVwZ 2015, S. 1335 (1338); *Epping*, Rn. 341; *Papier*, NVwZ-Extra 15/2016, S. 1 (5).

[458] *Papier*, NVwZ-Extra 15/2016, S. 1 (5).

[459] BVerfGE 7, 198 (205).

Damit gilt der Grundrechtsschutz des Art. 2 II 1 GG beim Handeln deutscher Hoheitsträger grundsätzlich auch zugunsten von Ausländern, die sich im Ausland aufhalten.

b) Umfang und Bedingung für die extraterritoriale Geltung
Der Umfang des extraterritorialen Grundrechtsschutzes bestimmt sich nach dem Sinn und Zweck des jeweiligen Schutzbereichs des Grundrechts[460]. Je näher der grundrechtliche Schutzbereich dem Schutz der Menschenwürde steht, desto eher geht seine Geltung über das deutsche Territorium hinaus[461]. Das Recht auf Leben steht der Menschenwürdegarantie des Art. 1 I GG besonders nahe[462], so dass seine Anwendbarkeit auch über das deutsche Territorium hinausgeht.

Notwendig ist zudem ein sachlicher Anknüpfungspunkt zwischen potenziellem Grundrechtsträger und deutscher Staatsgewalt[463]. Sonst könnte jeder Mensch auf der Welt gegenüber dem deutschen Staat grundrechtliche Schutzpflichten geltend machen, ohne dass der geringste Zusammenhang zwischen dem zu Grunde

---

[460] BVerfGE 31, 58 (77); *Becker*, NVwZ 2015, S. 1335 (1338).
[461] *Becker,* in: HStR XI, § 240, Rn. 91.
[462] Allgemeine Auffassung, siehe nur BVerfGE, 39, 1 (41); 57, 250 (284 f.); 88, 203 (252); *Hufen*, § 13, Rn. 2; *Pieroth/Schlink,* Rn. 418.
[463] *Becker,* in: HStR XI, § 240, Rn. 110.

liegenden Sachverhalt und dem deutschen Staat bestünde[464]. Erforderlich ist, dass der deutsche Staat Kontrolle über den handlungsgegenständlichen Sachverhalt hat[465].

Außerdem ist zu berücksichtigen, dass die Gestaltungsbefugnis des Gesetzgebers bei Auslandsberührung größer als bei Regelungen mit inländischem Schwerpunkt ist[466]. Deshalb sind Relativierungen hinsichtlich der Geltungsintensität des Grundrechtsschutzes denkbar[467].

Im Fall der US-Drohneneinsätze trägt die US-Regierung die Hauptverantwortung für deren Durchführung. Sie hat die vollständige Kontrolle über die Einsätze. Der deutsche Staat hat keinen Zugriff auf die Planungen und Einsätze. Allerdings sprechen schlüssige Hinweise dafür, dass relevante Mitwirkungsbeiträge für die Drohneneinsätze in US-Militäreinrichtungen auf deutschem Boden erbracht werden[468].

---

[464] *Becker,* in: HStR XI, § 240, Rn. 23.
[465] *Enders*, in: Friauf/Höfling, Art. 1, Rn. 167; *Kahl*, in: BonnKommGG, Art. 1 Abs. 3, Rn. 229.
[466] BVerfGE 92, 26 (41 f.).
[467] BVerfGE 31, 58 (77); 92, 26 (41 f.); *Badura*, in: HGR II, § 47, Rn. 20; *Enders*, in: Friauf/Höfling, Art. 1, Rn. 166; *Herdegen*, in: Maunz/Dürig, GG, Art. 1 Abs. 3, Rn. 72; *Kahl*, in: BonnKommGG, Art. 1 Abs. 3, Rn. 224.
[468] Vgl. *Bartsch, Matthias* u. a.: Der Krieg via Ramstein (Fn. 63); o. V. (2015): Interview mit dem ehemaligen US-Drohnenpiloten Brandon Bryant (Fn. 3).

Der deutsche Staat hat die Kontrolle über sein Staatsgebiet, er ist souverän[469]. In der Zurverfügungstellung des deutschen Staatsgebietes für US-Militäreinrichtungen liegt ein konkreter Bezug zur deutschen Hoheitsgewalt vor, da die Überlassung des Staatsgebietes auf Gesetzesbeschlüssen basiert, d. h. direkt einem deutschen Hoheitsträger zurechenbar ist[470]. Eine Relativierung der Anwendbarkeit der Geltungsintensität des Art. 2 II 1 GG ist trotz Auslandsbezug zu verneinen. Zum einen, weil das Recht auf Leben einen Höchstwert innerhalb der grundgesetzlichen Ordnung darstellt[471]. Zum anderen geht es um völkerrechtswidriges Handeln eines fremden Staates unter (möglicher) Mitwirkung von Militärbasen auf dem Staatsgebiet der Bundesrepublik. In so einer Konstellation gibt es – anders als möglicherweise bei einem völkerrechtsgemäßen Handeln – keinen Grund, eine Relativierung der Geltungsintensität des Grundrechtsschutzes vornehmen[472]. Daher ist Art. 2 II 1 GG anwendbar.

---

[469] *Deiseroth,* DVBl 2015, S. 197 (200).
[470] Vgl. C. III.
[471] BVerfGE 39, 1 (42); 57, 250 (284 f.); 115, 118 (139); *Epping,* Rn. 106; *Hufen,* § 13, Rn. 2; *Ipsen,* § 5, Rn. 254.
[472] Selbstverständlich kann nur „mögliches" verlangt werden, dazu unter F. II. 4. d).

2. Schutzbereich

Art. 2 II 1 GG schützt das menschliche Leben. Zwar töten US-Drohnen Menschen. Allerdings sind die USA nicht an die deutschen Grundrechte gebunden[473]. Ein Eingriff in Art. 2 II 1 GG durch einen grundrechtsgebundenen Hoheitsträger findet mithin nicht statt.

Allerdings sind Grundrechte nicht nur Abwehrrechte gegen staatliche Eingriffe[474], sondern stellen auch eine objektive Werteordnung dar[475]. Daraus folgt als weitere Grundrechtsdimension die Existenz grundrechtlicher Schutzpflichten[476]. Danach muss der Staat sich schützend und fördernd vor die Grundrechte stellen[477]. Insbesondere für das Recht auf Leben gibt es eine staatliche Schutzpflicht vor rechtswidrigen Eingriffen durch Dritte, denn

---

[473] *Becker*, in: HStR XI, § 240, Rn. 35 f.; *Neubert*, AöR 140 (2015), S. 267 (270).

[474] BVerfGE 7, 198 (204); *Klein*, NJW 1989, S. 1633 (1633); *v. Münch/Mager*, Rn. 48.

[475] BVerfGE 7, 198 (205); 21, 362 (371 f.); 39, 1 (41); 77, 170 (214); *Becker*, NVwZ 2015, S. 1335 (1340); *Epping*, Rn. 15; *Klein*, NJW 1989, S. 1633 (1633); *Pieroth/Schlink*, Rn. 94.

[476] BVerfGE 39, 1 (41 ff.); 46, 160 (164); 92, 26 (46); 103, 89 (100); *Becker*, NVwZ 2015, S. 1335 (1340); *Callies*, in: HGR II, § 44, Rn. 1 ff.; *Dreier*, in: Dreier; Vorb. Rn. 101 ff.; *Epping*, Rn. 123; *Hufen*, § 5, Rn. 5; *Ipsen*, § 2, Rn. 101 ff.; *Klein*, NJW 1989, S. 1633 (1633); *v. Münch/Mager*, Rn. 51; *Pieroth/Schlink*, Rn. 100; *Ullrich*, DVBl 2015, 204 (207).

[477] BVerfGE 39, 1 (42); 53, 30 (57); 121, 317 (356); *Epping*, Rn. 126; *Hufen*, § 5 Rn. 5.

das BVerfG hat diese Grundrechtsdimension am Schutz des Lebens entwickelt[478]. Außerdem folgt schon aus Art. 1 I GG die Existenz von Schutzpflichten[479], zumindest wenn dem jeweiligen Grundrecht ein Menschenwürde*kern* zukommt[480]. Dies ist bei Art. 2 II 1 GG der Fall[481].

3. Eingriff

Gefährdungen bzw. Beeinträchtigungen grundrechtlicher Schutzgüter, die die öffentliche Gewalt zum Schutz verpflichten, können auch von fremden Staaten ausgehen[482]. Schwerster Eingriff in das Grundrecht auf Leben sind gezielte Tötungen[483]. Durch US-Drohnen werden Menschen gezielt tötet. Daher stellen Angriffe auf Menschen mittels Kampfdrohnen einen Eingriff in das Recht auf Leben dar[484].

---

[478] Vgl. BVerfGE 39, 1 (41); 46, 160 (164); 53, 30, (57 f.); *Badura*, in: HGR II, § 47, Rn. 19; *Hufen*, § 13, Rn. 18; *v. Münch/Mager*, Rn. 187.
[479] BVerfGE 39, 1 (41); 57, 250 (284 f.); 88, 203 (251); *Epping*, Rn. 123; *v. Münch/Mager*, Rn. 51; *Pieroth/Schlink*, Rn. 110.
[480] *v. Münch/Mager*, Rn. 51.
[481] Vgl. Fn. 462.
[482] Vgl. BVerfGE 6, 290 (299); 40, 141 (177 f.); 55, 349 (364); 66, 39 (61); *Becker*, NVwZ 2015, S. 1335 (1340); *Hoffmann-Riem*, JZ 2014, S. 53 (60); *Klein*, NJW 1989, 1633 (1633); *Kment*, S. 177 f.; *Neubert*, AöR 140 (2015), S. 267 (271); *Ullrich*, DVBl 2015, 204 (208).
[483] *Hufen*, § 13, Rn. 9.
[484] Vgl. auch *Löffelmann*, JR 2013, S. 496 (503).

4. Erfüllung der Schutzpflicht

Sofern der Staat[485] seiner Schutzpflicht nachkommt, liegt keine Grundrechtsverletzung vor.

a) Allgemeine Kriterien

Aus dem Bestehen einer grundrechtlichen Schutzpflicht folgt in der Regel nicht ein Anspruch des Bürgers gegen ein Staatsorgan auf ein genau umrissenes Tätigwerden[486]. Der Staat muss den Schutz zwar gewährleisten, beim „*wie*" steht ihm aber ein weiter Gestaltungsspielraum zu[487]. Eine Pflichtverletzung liegt nur dann vor, wenn die öffentliche Gewalt Schutzvorkehrungen überhaupt nicht getroffen hat oder die ergriffenen Maßnahmen gänzlich ungeeignet sind, das gebotene Schutzziel zu erreichen oder erheblich dahinter zurückbleiben[488].

---

[485] Adressat der Pflicht sind alle drei staatlichen Gewalten, siehe BVerfGE 39, 1 (41); 49, 89 (142); *Callies*, in: HGR II, § 44, Rn. 6; *Jaeckel,* S. 88. In Fällen mit Auslandsbezug ist primärer Adressat der Schutzpflicht die Bundesregierung, siehe BVerfGE 55, 349 (364); *Klein,* NJW 1989, S. 1633 (1635); *Neubert,* AöR 140 (2015), S. 267 (279).

[486] BVerfGE 77, 84 (106); 125, 39 (78); *Hufen,* § 5, Rn. 6; *Ullrich,* DVBl 2015, S. 204 (208).

[487] BVerfGE 55, 349 (367 f.); 85, 191 (212); 88, 203 (254); 115, 118 (159 f.); *Epping,* Rn. 127; *Hufen,* § 5, Rn. 6; *Neubert,* AöR 140 (2015), S. 267 (285); *Pieroth/Schlink,* Rn. 113; *Schwetzel,* S. 8.

[488] BVerfGE 77, 170 (214 f.); 79, 174 (202); 125, 39 (78 f.).

Vor allem auf dem Gebiet der Außen- und Verteidigungspolitik hat die Bundesregierung einen weiten Entscheidungsspielraum, wie sie ihren grundrechtlichen Pflichten nachkommt, auch weil ihre Einflussmöglichkeiten hier begrenzt sind[489].
Dabei gilt ein Untermaßverbot: Es gibt Mindestanforderungen, welche der Staat zum Schutz der Rechtspositionen des Bürgers einhalten muss[490]. Der Schutz muss wirksam und angemessen sein[491].

b) Informationsbeschaffungspflicht
Bei US-Drohneneinsätzen ist schon auf der Informationsebene problematisch, dass keine offiziellen, von den USA bestätigten Fakten hinsichtlich der organisatorischen Einbindung der US-Militärbasen auf deutschem Territorium in die Drohneneinsätze vorliegen.

---

[489] BVerfGE 55, 349 (365); 92, 26 (47); *Hoffmann-Riem*, JZ 2014, S. 53 (62); *Kment*, S. 178; *Ullrich*, DVBl 2015, S. 204 (211); *Neubert*, AöR 140 (2015), S. 267 (285).
[490] BVerfGE 88, 203 (254); 98, 265 (356); *Epping*, Rn. 127; *Grzeszick*, in: Maunz/Dürig, GG, Art. 20, Rn. 126; *Hufen*, § 13, Rn. 18; *Isensee*, HStR IX, §191, Rn. 305; *Neubert*, AöR 140 (2015), S. 267 (285); *Schwetzel*, S. 42 ff.
[491] BVerfGE 88, 203 (254).

Der Staat muss nicht alle hypothetischen Grundrechtsbeeinträchtigungen unter Kontrolle halten[492]. Jedoch werden Schutzpflichten bereits dann ausgelöst, wenn die *Gefahr* ihrer Beeinträchtigung anzunehmen ist[493]. Für die Bestimmung der verfassungsrechtlichen Gefährdungsschwelle bietet es sich an, den polizeirechtlichen Gefahrenbegriff sinngemäß anzuwenden, da sich das Polizeirecht mit der Abwehr von Gefahren durch Dritte gegenüber Bürgerinnen und Bürgern befasst[494].

D.h. der Staat muss eingreifen, wenn eine hinreichende Wahrscheinlichkeit für den Schadenseintritt besteht[495]. Auch hat er die Pflicht zur frühzeitigen Gefahrenerkennung[496].

Zahlreiche Presseberichte und die Aussage eines ehemaligen Drohnenpiloten [497] deuten schlüssig auf eine Mitbeteiligung der US-Militärbasen auf deutschem Boden in die weltweiten US-Drohneneinsätze hin, insbesondere hinsichtlich der Bedeutung

---

[492] *Epping*, Rn. 124.
[493] BVerfGE 49, 89 (138); 53, 30 (57); 56, 54 (78); *Hermes*, S. 46; *Isensee*, in: HStR IX, §191, Rn. 218, 263; *Neubert*, AöR 140 (2015), S. 267 (271); *Schwetzel*, S. 50; vgl. *Klein*, NJW 1989, S. 1633 (1637)
[494] Vgl. *Breuer*, DVBl. 1978, S. 829 (833); *Epping*, Rn. 124; *Hermes*, S. 236 ff.; *Isensee*, in: HStR IX §191, Rn. 235; *Jaeckel*, S. 86; *Neubert*, AöR 140 (2015), S. 267 (272).
[495] *Epping*, Rn. 124.
[496] BVerfGK 17, 57 (61 ff.).
[497] Vgl. Fn. 2, 5, 63.

der Satellitenrelaisstation in Ramstein[498]. Zwar wurde von der Bundesregierung stets betont, dass Kampfdrohnen von US-Militärbasen in Deutschland weder befehligt noch geflogen werden[499]. Die Vermutungen hinsichtlich der Durchleitung von Steuerungsbefehlen[500] wurde indes nicht dementiert.

Auch handelt es sich beim Recht auf Leben um einen Höchstwert innerhalb der grundgesetzlichen Ordnung[501], weshalb die Schutzpflicht besonders ernst genommen werden muss[502]. Daher müssen schlüssige Presseberichte über die Verletzung des Rechts auf Leben Anlass sein, die Schutzpflicht auszulösen. Diese Berichte lassen es hinreichend wahrscheinlich erscheinen, dass eine Mitbeteiligung der US-Militärbasen in Deutschland an den US-Drohneneinsätzen vorliegt.

In Folge dieser öffentlichen Berichterstattung trifft die Bundesrepublik Deutschland jedenfalls die Pflicht, sich Informationen über die Vorgänge zu verschaffen[503], damit sie über wirksame Maßnahmen entscheiden kann. Dies sieht offenkundig auch das

---

[498] Vgl. Fn. 63.
[499] Siehe Fn. 62.
[500] Siehe C. II.
[501] Siehe Fn. 471.
[502] BVerfGE 46, 160 (164).
[503] Vgl. auch *Becker*, DÖV 2013, S. 493 (500).

VG Köln so, das eine Klage von drei Jemeniten zu verhandeln hatte und hierbei die Tauglichkeit der gewählten Kommunikationsmittel der Bundesregierung gegenüber den USA erörtert hat, also auf die Frage der Informationsbeschaffung eingegangen ist[504]. Auch die Bundesregierung sieht sich offenbar in der Pflicht, Informationen über die Vorgänge einzuholen. Sie hat in der Vergangenheit gegenüber der US-Regierung die Frage der Einbindung von US-Militärbasen in Deutschland in die globalen US-Drohneneinsätze thematisiert. Sie verweist darauf, dass der ehemalige Bundesaußenminister Dr. Westerwelle gegenüber US-Außenminister Kerry am 31.05.2013 die Aktivitäten der US-Streitkräfte in Deutschland angesprochen hat und dieser ihm versicherte, „dass jedwedes Handeln der Vereinten Staaten, auch von deutschem Staatsgebiet aus, streng nach den Regeln des geltenden Rechts erfolge"[505]. Auch verweist die Bundesregierung auf den Fragenkatalog an die US-Regierung[506]. Die Bundesregierung drängt die US-Regierung seit geraumer Zeit auf die Beantwortung der Fragen[507].

---

[504] VG Köln, NWVBl 2016, 39 (43).
[505] BT-Drs. 17/14401, Antwort auf Frage 11, S. 5.
[506] Siehe Fn. 7.
[507] BT-Drs. 18/2685, Antwort auf Frage 23, S. 9.

c) Eignung und Effektivität bisheriger Maßnahmen

Das legt den Schluss nahe, dass die Bundesregierung versucht hat, ihrer Informationsbeschaffungspflicht nachzukommen. Allerdings müssen die getroffenen Maßnahmen geeignet und effektiv zur Erfüllung des Gewährleistungsauftrags beitragen[508]. Offenbar geht die Bundesregierung selbst nicht davon aus, dass die bisherigen Maßnahmen ausreichend waren. In der Antwort der Bundesregierung auf eine parlamentarische Frage heißt es:

> „Die Frage der Relaisstation in Ramstein ist weiterhin regelmäßig Gegenstand von Gesprächen mit unseren US-Partnern. Eine abschließende Klärung konnte bislang nicht erzielt werden. Die Bundesregierung wird dies aber weiterhin mit Nachdruck verfolgen"[509].

Damit lässt die Bundesregierung erkennen, dass die Versicherungen der US-Seite bis dato nicht hinreichend gewesen sind und weiterhin Fragen offen sind, die einer Klärung bedürfen.

---

[508] BVerfGE 88, 203 (254); *Hoffmann-Riem*, JZ 2014, S. 53 (62); *Isensee*, HStR IX, § 191, Rn. 219; *Klein*, NJW 1989, S. 1633 (1637); *Neubert*, AöR 140 (2015), S. 267 (278 f.); *Pieroth/Schlink*, Rn. 310; *Schwetzel*, S. 42.
[509] Antwort der Bundesregierung auf die schriftliche Frage des Abgeordneten *Andrej Hunko*, BT-Drs. 18/8052, Frage 13, S. 10.

Da es aus Sicht der Bundesregierung zumindest zweifelhaft sein muss, dass die rechtliche Auffassung der USA im Einklang mit dem Völkerrecht steht, kann der pauschale Verweis der US-Regierung auf die Legalität des eigenen Handelns nicht ausreichen. Vielmehr ist zu fordern, dass die USA die bestehenden Verdachtsmomente schlüssig ausräumen. Es ist durchaus sachgerecht, ihr hierbei einen gewissen Zeithorizont zu gewähren. Gleichwohl geht es hier um den Schutz eines bedeutsamen Grundrechtes. Es sind gleichwohl keine Anhaltspunkte ersichtlich, warum es der USA nicht ohne weiteres möglich ist, die öffentlichen Informationen über die Beteiligung der US-Militärbasen in Deutschland zu widerlegen, sofern sie nicht der Wahrheit entsprechen. Für eine Verzögerung einer Aufklärung über einen Zeitraum von zwei Jahren[510] fehlt es an vertretbaren Ursachen.

Vielmehr sind die bis dato erfolgten Maßnahmen der Bundesregierung, immer wieder gegenüber den USA auf Antworten zu drängen, offensichtlich *gänzlich ungeeignet*, die Vorwürfe auszuräumen und somit dem Schutzziel des Art. 2 II 1 GG zu entsprechen. Auch der weite Entscheidungsspielraum im Rahmen der

---

[510] Der Fragenkatalog, Fn. 7, ist bis dato nicht beantwortet.

Wahrnehmung von Schutzpflichten, insbesondere bei außenpolitischem Bezug, vermögen es nicht zu rechtfertigen, dass ein wirksames Handeln gänzlich ausbleibt[511]. Vielmehr muss die Geeignetheit bisher getroffener Maßnahmen fortlaufend dahingehend überprüft werden, ob Schutzerfolge erreicht werden; sofern sie sich als ineffektiv erweisen, sind die ergriffenen Maßnahmen gegebenenfalls zu verschärfen[512]. Denn der Staat schuldet grundsätzlich nicht lediglich ein Bemühen um Erfüllung der Schutzpflicht, sondern deren Erfolg[513].

Es ist daher nicht ausreichend, wenn grundrechtlich relevante Fragestellungen über geraume Zeit nicht geklärt werden. Die bisher ergriffenen Maßnahmen der Bundesregierung mögen zwar *a priori* geeignet gewesen sein, den Sachverhalt zu klären. Regierungskonsultationen sind der übliche Weg, strittige Fragen einer Lösung zuzuführen. Allerdings zeigt sich vor dem Hintergrund der mangelnden Aufklärungs- und Mitwirkungsbereitschaft der

---

[511] *Hoffmann-Riem*, JZ 2014, S. 53 (62).
[512] BVerfGE 49, 89 (130); 56, 54 (79); 110, 141 (158); *Hermes*, S. 261; *Hoffmann-Riem*, JZ 2014, S. 53 (62); *Neubert*, AöR 140 (2015), S. 267 (279).
[513] *Hermes*, S. 261; *Isensee*, HStR IX, §191, Rn. 299, 306; *Neubert*, AöR 140 (2015), S. 267 (279).

USA *in concreto*, dass die ergriffenen Maßnahmen gänzlich ungeeignet sind, dass gebotene Schutzziel zu erreichen[514].

d) Vorhandensein alternativer Maßnahmen
Eine Schutzpflicht kann nur soweit gehen, wie es staatliche Handlungsoptionen gibt, Unmögliches kann nicht verlangt werden[515]. Das VG Köln erachtet die Möglichkeiten der Bundesrepublik hinsichtlich der US-Militärbasen für stark eingeschränkt: Eine „vollständige Rechtmäßigkeitskontrolle" sei nicht möglich, da das Stationierungsrecht keine Befugnis für ein ordnungsbehördliches Einschreiten kenne[516]. Auch sei zielgerichtetes Einschreiten, das nur „gegen den behauptet rechtswidrigen Teil der Nutzung der Satelliten-Relais-Station gerichtet wäre", ausgeschlossen[517]. Dagegen spricht, dass Art. II und IX Abs. 3 NTS sowie Art. 53 I 1, 2 ZA-NTS[518] – beides völkerrechtliche Verträge – die USA dazu verpflichten, das Recht der Bundesrepublik zu achten. Auch

---

[514] Ähnlich: *Starski*, verfassungsblog.
[515] *Becker*, NVwZ 2015, S. 1335 (1340); *Hermes*, S. 244; *Isensee*, in: HStR IX, § 191, Rn. 274; *v. Münch/Mager*, Rn. 117; *Neubert*, AöR 140 (2015), S. 267 (292).
[516] VG Köln, NWVBl. 2016, 39 (43)
[517] Ebd.
[518] Siehe C. III.

handelt es sich nicht um rein interne[519] Vorgänge, da die möglichen Mitwirkungsbeiträge der US-Militärbasen Auswirkungen auf die Rechte Dritter haben[520]. Ein Verweis auf Art. 53 I 1 ZA-NTS vermag mögliche Mitwirkungsbeiträge nicht zu rechtfertigen, da die US-Drohneneinsätze völkerrechtswidrig sind[521]. Zudem ist ein Staat aufgrund einer Souveränität berechtigt, auf seinem Hoheitsgebiet seine Rechtsordnung durchzusetzen[522].

Daraus folgt, dass die Bundesrepublik Deutschland durchaus die Möglichkeit hat, weitergehende Maßnahmen zu treffen. So kann, wenn eine erhebliche Verletzung der Verträge vorliegt, ihre Suspendierung nach Art. 60 WVK in Betracht kommen[523]. Ebenso ist das Verbot des Betriebes der Satellitenrelaisstation denkbar[524]. Dies zeigt, dass sich die rechtlichen Handlungsmöglichkeiten der Bundesregierung nicht allein auf das Nachfragen beschränken[525].

---

[519] Vgl. Art. 53 I 2 ZA-NTS.
[520] Vgl. Art. 53 I 2 ZA-NTS.
[521] Siehe D. I. 2.; D. II. 2., D. III., D. IV. 2.
[522] *Becker*, NVwZ 2015, S. 1335 (1340); *Kment*, S. 87.
[523] *Starski*, verfassungsblog.
[524] Nach Art. 4 Nr. 2.3 ABG 1975 (BGBl. 1982 II, S. 893) werden die Pläne für Baumaßnahmen der in Deutschland stationierten US-Streitkräfte genehmigt. Denkbar wäre daher der Widerruf der entsprechenden Genehmigung.
[525] So auch *Starski*, verfassungsblog.

e) Unzumutbarkeit

Die Hinnahme der Beeinträchtigung bzw. Gefährdung des Schutzgutes darf bei Abwägung der entgegenstehenden Interessen nicht zumutbar sein[526]. Im Rahmen der Zumutbarkeit spielt die Wertigkeit des betroffenen Grundrechts eine erhebliche Rolle[527]. Dementsprechend ist zu berücksichtigen, dass es sich bei Art. 2 II 1 GG um ein besonders bedeutsames Grundrecht handelt („Höchstwert")[528]. Auf der anderen Seite steht das Interesse an der Erfüllung der völkerrechtlichen Vereinbarungen[529] mit den USA. Zwar kann ein Staat durch das Völkerrecht am Vorgehen gegen einen anderen Staat gehindert sein[530]. Allerdings ist zu berücksichtigen, dass die USA möglicherweise von deutschem Boden aus Mitwirkungsbeiträge zu Völkerrechtsverstößen leisten. Das Völkerrecht verlangt gerade ein Vorgehen gegen solche Völkerrechtsverletzungen[531]. Daher ist die weitere Hinnahme der Grundrechtsbeeinträchtigung unzumutbar.

---

[526] *v. Münch/Mager*, Rn. 151; *Schwetzel*, S. 45.
[527] BVerfGE 46, 160 (164); *Pieroth/Schlink*, Rn. 113.
[528] Siehe Fn. 471.
[529] Siehe C. III.
[530] *Ullrich*, DVBl 2015, S. 204 (209).
[531] Siehe E. III.

4. Ergebnis

Aus der Schutzpflicht für das Recht auf Leben erwächst eine Informationsbeschaffungspflicht der deutschen staatlichen Gewalt, mögliche Verletzungen durch das Verhalten ausländischer Mächte auf deutschem Staatsgebiet aufzuklären. Aufgrund der *überragenden Bedeutung* des Art.2 II 1 GG müssen diese Informationen ohne schuldhaftes Zögern zusammengetragen werden. Mehr als zwei Jahre nach den ersten Berichten über die Beteiligung von Militärbasen in Ramstein und Stuttgart an US-Drohneneinsätzen beruft sich die Bundesregierung aber weiterhin darauf, dass Klärungsbedarf mit der US-Seite bestehe. Die bisher getroffenen Maßnahmen der Bundesrepublik erweisen sich damit als gänzlich ungeeignet; sie verletzen das Untermaßverbot. Dass hoheitliche Stellen weitere zumutbare und geeignete Maßnahmen nicht vornehmen, stellt einen Verstoß gegen Art. 2 II 1 GG dar.

G. Zusammenfassung

Die wesentlichen Ergebnisse dieser Ausarbeitung sind:

1. Einsätze von US-Kampfdrohnen innerhalb bewaffneter Konflikte verstoßen nicht *per se* gegen das Völkerrecht. Eine Einzelfallbetrachtung ist erforderlich. Allerdings gibt es gewichtige Anhaltspunkte dafür, dass das Unterscheidungsgebot, der Grundsatz

der Verhältnismäßigkeit und das Pardongebot zum Teil nicht hinreichend beachtet werden, so dass eine Verletzung des humanitären Völkerrechts anzunehmen ist.

2. US-Drohneneinsätze außerhalb bewaffneter Konflikte verstoßen gegen das Verbot willkürlicher Tötungen und das Gewaltverbot. Die USA können sich nicht auf das Selbstverteidigungsrecht nach Art. 51 S. 1 UNCh berufen. Nur in einigen Fällen wird durch Einwilligung des betroffenen Staates kein Verstoß gegen das Gewaltverbot vorliegen.

3. Aus dem völkerrechtlichen Neutralitätsrecht erwächst die Pflicht der Bundesrepublik Deutschland, sich die notwendigen Informationen über die Beteiligung der US-Militärbasen auf deutschem Boden an US-Drohneneinsätzen zu beschaffen. Indem sie dieser Pflicht nicht in ausreichendem Maße nachgekommen ist, verletzt sie das Völkerrecht.

4. Eine Informationsbeschaffungspflicht über eine Beteiligung von US-Militäreinrichtungen auf deutschem Staatsgebiet an US-Drohneneinsätzen erwächst auch aus Art. 2 II 1 GG. Da es sich um einen Höchstwert innerhalb der grundgesetzlichen Ordnung

handelt, müssen die notwendigen Informationen ohne schuldhaftes Zögern beschafft werden.

5. Zwar versucht die Bundesrepublik weiterhin auf diplomatischen Kanälen, die erforderlichen Informationen hinsichtlich der möglichen Beteiligung der US-Militärbasen in Ramstein und Stuttgart an US-Drohneneinsätzen zu beschaffen. Allerdings haben sich diese Bemühungen als gänzlich ungeeignet erwiesen. Damit ist das Untermaßverbot missachtet worden, eine Verletzung der Schutzpflicht aus Art. 2 II 1 GG liegt vor.

6. Werden innerhalb eines zumutbaren Zeitraums keine Informationen zur Verfügung gestellt, darf die Bundesrepublik Deutschland nicht untätig bleiben. Vielmehr folgt sowohl aus der Neutralitätspflicht wie dem Recht auf Leben aus Art. 2 II 1 GG eine Verpflichtung der Bundesrepublik, weitergehende geeignete Maßnahmen zu ergreifen. Maßnahmen, die in diesem Zusammenhang rechtlich zulässig und bei dauernde Nichtbeantwortung notwendig sind, wären die Entziehung der Genehmigung zum Betrieb der Satellitenrelaisstation in Ramstein und als letzte Konsequenz die Kündigung der Aufenthalts- und Stationierungsverträge.

Literaturverzeichnis

Akande, Dapo, Classification of Armed Conflicts: Relevant Legal Concepts, in: Elizabeth Wilmshurst (Hrsg.), International Law and the Classification of Conflicts, Oxford 2012, S. 32–79 (zitiert: *Akande*, in: Wilmshurst, S. 32).

Alston, Philipp, Report of the Special Rapporteur on Extrajudicial, Summary or Arbitrary Executions, Addendum, Study on targeted killings, UN Doc. A/HRC/14/24/Add.6 vom 28.05.2010, abrufbar im Internet unter: http://www2.ohchr.org/english/bodies/hrcouncil/docs/14session/A.HRC.14.24.Add6.pdf, zuletzt abgerufen am 19.07.2016.

Arendt, Rieke, Der Einsatz autonomer Waffensysteme im Lichte des Verhältnismäßigkeits- und Unterscheidungsgrundsatzes, in: Robert Frau (Hrsg.), Drohnen und das Recht, Tübingen 2014, S. 19–34 (zitiert: *Arendt*, in: Frau, S. 19).

Arnauld, Andreas von, Völkerrecht, 2. Aufl., Heidelberg 2014.

Badura, Peter, Der räumliche Geltungsbereich der Grundrechte, in: Detlef Merten / Hans-Jürgen Papier (Hrsg.), Handbuch der Grundrechte in Deutschland und Europa, Band II, Heidelberg 2006, § 47, S. 1059–1078 (zitiert: *Badura,* in: HGR II, § 47).

Banaszewska, Dorota, Kombattanten und Zivilisten weit weg vom Schlachtfeld, Rechtsstellung der Operateure unbemannter militärischer Luftfahrzeuge, in: Robert Frau (Hrsg.), Drohnen und das Recht, Tübingen 2014, S. 59–81 (zitiert: *Banaszewska,* in: Frau, S. 59).

Becker, Florian, Grenzüberschreitende Reichweite deutscher Grundrechte, in: Josef Isensee / Paul Kirchhof (Hrsg.), Handbuch des Staatsrechts der Bundesrepublik Deutschland, Band XI, 3. Aufl., Heidelberg 2013, § 240, S. 515–558 (zitiert: *Becker,* in: HStR XI, § 240, Rn.).

Becker, Florian, Grundrechtliche Grenzen staatlicher Überwachung zur Gefahrenabwehr, NVwZ 2015, 1335–1341.

Becker, Peter, Rechtsprobleme des Einsatzes von Drohnen zur Tötung von Menschen, DÖV 2013, S. 493–502.

Benjamin, Medea, Drohnenkrieg – Tod aus heiterem Himmel per Fernbedienung, Hamburg 2013.

Bindschelder, Rudolf, Neutralität im modernen Völkerrecht, ZaöRV 1956, S.1–37.

Boor, Felix, Der Drohnenkrieg in Afghanistan und Pakistan, HuV-I 2011, S. 97–104.

Bothe, Michael, Terrorism and the Legality of Pre-emptive Force, EJIL 14 (2003), S. 227–240.

Bothe, Michael, Der Irak-Krieg und das völkerrechtliche Gewaltverbot, AVR 41 (2003), S. 255–271.

Bowett, Derek W., Self-Defense in International Law, Manchester 1958.

Bieri, Matthias / Dickow, Marcel, Letale autonome Waffensysteme als Herausforderung, CSS Analysen zur Sicherheitspolitik, Nr. 164, 2014, abrufbar im Internet unter:

http://www.css.ethz.ch/content/dam/ethz/special-interest/gess/cis/center-for-securities-studies/pdfs/CSSAnalyse164-DE.pdf, zuletzt abgerufen am 07.07.2016 (zitiert: *Bieri/Dickow*, CSS, Nr. 164).

Blumenwitz, Dieter, Einsatzmöglichkeiten der Bundeswehr im Kampf gegen den Terrorismus, ZRP 2002, S. 102–106.

Bruha, Thomas / Bortfeld, Matthias, Terrorismus und Selbstverteidigung. Voraussetzungen und Umfang erlaubter Selbstverteidigungsmaßnahmen nach den Anschlägen vom 11. September 2001, VN 2001, S. 161–167.

Bruha, Thomas, Gewaltverbot und humanitäres Völkerrecht nach dem 11. September 2001, AVR 40 (2002), S. 383–421.

Byers, Michael, Terrorism, the Use of Force and International Law After 11 September, ICLQ 51 (2002), S. 401–414.

Callies, Christian, Schutzpflichten, in: Detlef Merten / Hans-Jürgen Papier (Hrsg.), Handbuch der Grundrechte in Deutschland und Europa, Band II, Heidelberg 2006, § 44, S. 963–992 (zitiert: *Callies*, in: HGR II, § 44).

Cassese, Antonio, The International Community's Legal Response to Terrorism, ICLQ 38 (1989), S. 589–608.

Cassese, Antonio, International Law, 2. Aufl., Oxford 2005.

Ceccoli, Stephen / Bing, John, Explaining Divergent Attiudes Toward Lethal Drone Strikes, Studies in Conflict & Terrorism 38 (2015), S. 146–166.

Dederer, Hans-Georg, Krieg gegen Terror, JZ 2004, S. 421–431.

Deiseroth, Dieter, Alles legal? - Zu den rechtlichen Befugnissen und Grenzen der US-Nachrichtendienst, DVBl 2015, S. 197–204.

Dennis, Michael J., Application of Human Rights Treaties Extraterritorially in Times of Armed Conflict and Military Occupation, AJIL 99 (2005), S. 119–141.

Dickow, Marcel / Linnenkamp, Hilmar, Kampfdrohnen – Killing Drones. Ein Plädoyer gegen die fliegenden Automaten,

SWP Aktuell 75, Dezember 2012, abrufbar im Internet unter: https://www.swp-berlin.org/fileadmin/contents/products/aktuell/2012A75_dkw_lnk.pdf, zuletzt abgerufen am 20.07.2016 (zitiert: *Dickow/Linnenkamp*, SWP Aktuell 75, 2012).

Dinstein, Yoram, War, Aggression and Self-Defence, 5. Aufl., Cambridge 2011.

Dörr, Oliver / Grote, Rainer / Marauhn, Thilo (Hrsg.), EMRK/GG Konkordanzkommentar zum europäischen und deutschen Grundrechtsschutz, 2. Aufl., Tübingen 2013 (zitiert: *Bearbeiter*, in: Dörr/Grote/Marauhn, Kap., Rn.).

Emmerson, Ben, Report of the Special Rapporteur on the promotion and protection of human rights and fundamental freedoms while countering terrorism, Promotion and protection of human rights and fundamental freedoms while countering terrorism (A/68/389), 18.09.2013, abrufbar im Internet unter: https://documents-dds-ny.un.org/doc/UNDOC/GEN/N13/478/77/PDF/N1347877.pdf?OpenElement, zuletzt abgerufen am 17.08.2016.

Enders, Christoph, Kommentierung zu Art. 1, in: Karl Heinrich Friauf / Wolfram Höfling (Hrsg.), Berliner Kommentar zum Grundgesetz, Loseblattausgabe, Stand Januar 2011, Berlin (zitiert: *Enders*, in: Friauf/Höfling, Art. 1, Rn.).

Epping, Volker, Grundrechte, 6. Aufl., Heidelberg 2015.

Erler, Sergej, Kriegsführung auf Distanz. Die Frage nach der völker- und verfassungsrechtlichen Zulässigkeit von Kampfdrohnen in einem bewaffneten Konflikt. Die Beschaffung von Kampfdrohnen durch die Bundesregierung, Norderstedt 2015.

Ewer, Wolfgang / Thienel, Tobias, Völker-, unions- und verfassungsrechtliche Aspekte des NSA-Datenskandals, NJW 2014, S. 30–35.

Felder, Andreas, Die Beihilfe im Recht der völkerrechtlichen Staatenverantwortlichkeit, Zürich 2007.

Fleck, Dieter, Unbemannte Flugkörper in bewaffneten Konflikten: neue und alte Rechtsfragen, HuV I 2011, S. 78–80.

Frau, Robert, Unbemannte Luftfahrzeuge im internationalen bewaffneten Konflikt, HuV-I 2011, S. 60–72.

Frau, Robert, Der Einsatz von Drohnen. Eine völkerrechtliche Betrachtung, VN 2013, S. 99–103.

Frau, Robert, Reicht das geltende Völkerrecht für Drohneneinsätze aus?, HuV-I 2013, S. 130–136.

Frowein, Jochen, Der Terrorismus als Herausforderung für das Völkerrecht, ZaöRV 2002, S. 879–905.

Gaitanides, Charlotte, Bekämpfung des transnationalen Terrorismus und humanitäres Völkerrecht, KritV 2004, S. 129–136.

Gasser, Hans-Peter / Melzer, Nils, Humanitäres Völkerrecht, Eine Einführung, 2. Aufl., Baden-Baden 2012.

Greenwood, Christopher, International law and the ‚war against terrorism', IntAff 78 (2002), S. 301–317.

Grzeszick, Bernd, Kommentierung zu Art. 20, in: Theodor Maunz / Günter Dürig u. a. (Hrsg.), Grundgesetz, Kommentar, Loseblattausgabe, Stand: November 2006, München (zitiert: *Grzeszick*, in: Maunz/Dürig, GG, Art. 20, Rn.).

Harris, David / O'Boyle, Michael / Bates, Edward u. a. (Hrsg.), Law of the European Convention on Human Rights, 3.Aufl., Oxford 2014.

Heinegg, Wolff Heintschel von, Wider die Mär vom Tode des Neutralitätsrechts, in: Horst Fischer u. a. (Hrsg.), Krisensicherung und Humanitärer Schutz, Festschrift für Dieter Fleck, Berlin 2004, S. 221–241 (zitiert: *v. Heinegg*, in: FS Fleck, S. 221).

Heintze, Hans-Joachim, Das Völkerrecht wird unterschätzt: internationale Antworten auf den internationalen Terrorismus, IPG 3/2004, S. 38–60.

Henckaerts, Jean-Marie / Doswald-Beck, Louise, Customary International Humanitarian Law, Volume 1: Rules, Cambridge 2009.

Henderson, Ian, The Contemporary Law of Targeting, Leiden 2009.

Herdegen, Matthias, Kommentierung zu Art. 25, in: Theodor Maunz / Günter Dürig u. a. (Hrsg.), Grundgesetz, Kommentar, Loseblattausgabe, Stand: August 2000, München (zitiert: *Herdegen*, in: Maunz/Dürig, GG, Art. 25, Rn.).

Herdegen, Matthias, Kommentierung zu Art. 1 Abs. 3, in: Theodor Maunz / Günter Dürig u. a. (Hrsg.), Grundgesetz, Kommentar, Loseblattausgabe, Stand: Februar 2005, München (zitiert: *Herdegen*, in: Maunz/Dürig, GG, Art. 1 Abs. 3, Rn.).

Herdegen, Matthias, Völkerrecht, 15. Aufl., München 2016.

Hermes, Georg, Das Grundrecht auf Schutz von Leben und Gesundheit: Schutzpflicht und Schutzanspruch aus Art. 2 Abs. 2 Satz 1 GG, Heidelberg 1987.

Heyns, Christof, Report of the Special Rapporteur on extrajudicial, summary or arbitrary executions, Addendum, Follow-up to country recommendations - United States of America (A/HRC/20/22/Add.3), 30.03.2012, abrufbar im Internet unter: http://www.ohchr.org/Documents/HRBodies/HRCouncil/RegularSession/Session20/A-HRC-20-22-Add3_en.pdf, zuletzt abgerufen am 11.07.2016.

Hobe, Stephan, Einführung in das Völkerrecht, 10. Aufl., Tübingen 2014.

Hobe, Stephan, Rechtsprobleme unbemannter Flugobjekte, in: Jost Delbrück u. a. (Hrsg.), Aus Kiel in die Welt: Kiel's Contribution to International Law, Festschrift zum 100-jährigen Bestehen des Walther-Schücking-Instituts für Internationales Recht, Berlin 2014, S. 249–264 (zitiert: *Hobe*, in: FS Walther-Schücking-Institut, S. 249).

Hoffmann-Riem, Wolfgang, Freiheitsschutz in den globalen Kommunikationsinfrastrukturen, JZ 2014, 53–63.

Hofmann, Rainer / Boldt, Nicki, Internationaler Bürgerrechtepakt, Kommentar, Baden-Baden 2005.

Hufen, Friedhelm, Staatsrecht II, Grundrechte, 5. Aufl., München 2016.

Ipsen, Jörn, Staatsrecht II, Grundrechte, 18. Aufl., München 2015.

Ipsen, Knut (Hrsg.), Völkerrecht, 6. Aufl., München 2014 (zitiert: *Bearbeiter*, in: Ipsen, §, Rn.).

Isensee, Josef, Das Grundrecht als Abwehrrecht und als staatliche Schutzpflicht, in: Josef Isensee / Paul Kirchhof (Hrsg.), Handbuch des Staatsrechts der Bundesrepublik Deutschland, Band IX, 3. Aufl., Heidelberg 2011, § 191, S. 413–568 (zitiert: *Isensee,* in: HStR IX, § 191, Rn.).

Jaeckel, Liv, Schutzpflichten im deutschen und europäischen Recht, Baden-Baden 2001.

Jahn-Koch, Ingrid / Koch, Michael, Bewaffnete Drohnen - Teufelszeug oder Waffen wie andere? Eine völkerrechtliche Überprüfung, in: Jost Delbrück u. a. (Hrsg.), Aus Kiel in die Welt: Kiel's Contribution to International Law, Festschrift zum 100-jährigen Bestehen des Walther-Schücking-Instituts für Internationales Recht, Berlin 2014, S. 265–315 (zitiert: *Jahn-Koch/Koch,* in: FS Walther-Schücking-Institut, S. 265).

Jarass, Hans D. / Pieroth, Bodo, Grundgesetz für die Bundesrepublik Deutschland, 14. Aufl., München 2016 (zitiert: *Jarass/Pieroth,* GG).

Kadelbach, Stefan, Zwingende Normen des humanitären Völkerrechts, HuV-I 1992, S. 118–124.

Kahl, Wolfgang, Kommentierung zu Art. 1 Abs. 3 GG, in: Wolfgang Kahl / Christian Waldhoff / Christian Walter (Hrsg.), Bonner Kommentar zum Grundgesetz, Loseblattausgabe, Stand: Oktober 2014, Heidelberg (zitiert: *Kahl,* in: BonnKommGG, Art., Rn.).

Kapaun, Nina, Völkerrechtliche Bewertung gezielter Tötungen nicht-staatlicher Akteure, Norderstedt 2014.

Kälin, Walter / Künzli, Jörg, Universeller Menschenrechtsschutz. Der Schutz des Individuums auf globaler und regionaler Ebene, 3. Aufl., Basel 2013.

Kempen, Bernhard / Hillgruber, Christian, Völkerrecht, 2. Aufl., München 2012.

Klein, Eckhart, Beihilfe im Völkerrecht, in: Ingo von Münch (Hrsg.), Festschrift für Hans-Jürgen Schlochauer zum 75. Geburtstag, Berlin 1981 (zitiert: *Klein,* in: FS Schlochauer, S. 425–438).

Klein, Eckart, Grundrechtliche Schutzpflicht des Staates, NJW 1989, 1633–1640.

Kment, Martin, Grenzüberschreitendes Verwaltungshandeln – Transnationale Elemente deutschen Verwaltungsrechts, Tübingen 2010.

Krajewski, Markus, Selbstverteidigung gegen bewaffnete Angriffe nicht-staatlicher Organisationen - der 11. September und seine Folgen, AVR 40 (2002), S. 183–214.

Kreß, Claus, Gewaltverbot und Selbstverteidigungsrecht nach der Satzung der Vereinten Nationen bei staatlicher Verwicklung in Gewaltakte Privater, Berlin 1995.

Ladiges, Manuel, Erlaubte Tötungen, JuS 2011, S. 879–884.

Löffelmann, Markus, Rechtfertigung gezielter Tötungen durch Kampfdrohnen?, JR 2013, 496–513.

Lorz, Ralph Alexander, Der Terrorismus und das Völkerrecht, in: Kryill-Alexander Schwarz (Hrsg.), 10 Jahre 11. September – Die Rechtsordnung im Zeitalter des Ungewissen, Baden-Baden 2012, S. 53–69 (zitiert: *Lorz,* in: Schwarz, S. 53).

Marauhn, Thilo, Der Einsatz von Kampfdrohnen aus völkerrechtlicher Perspektive, in: Roman Schmidt-Radefeldt / Christine Meissler (Hrsg.), Automatisierung und Digitalisierung des Krieges, Baden-Baden 2012, S. 60–71 (zitiert: *Marauhn,* in: Schmidt-Radefeldt/Meissler, S. 60).

Marauhn, Thilo, Der Einsatz unbemannter bewaffneter Drohnen im Lichte des geltenden Völkerrechts, in: DSF (Hrsg.), Unbemannte bewaffnete Systeme: Verändert der rüstungstechnologische Wandel den Umgang mit Konflikten? Eine friedenspolitische Perspektive, 2013, S. 26–52, abrufbar im Internet: http://www.bundesstiftung-friedensforschung.de/images/pdf/arbeitspapiere/arbeitspapiere9.pdf, zuletzt abgerufen am 29.07.2016 (zitiert: *Marauhn*, in: DSF, S.)

Meiser, Christian / Buttlar, Christian von, Militärische Terrorismusbekämpfung unter dem Regime der UN-Charta, Baden-Baden 2005.

Melzer, Nils, Targeted Killing or Less Harmful Means? Israels High Court Judgement on Targeted Killing and the Restrictive Function of Military Necessity, YIHL 9 (2006), S. 87–113.

Melzer, Nils, Targeted Killing in International Law, Oxford 2008 (zitiert: *Melzer*, Targeted Killing, S.).

Melzer, Nils, Unmittelbare Teilnahme an Feindseligkeiten, Anleitung des IKRK zur Interpretation des Begriffs nach dem humanitären Völkerrecht. Synoptische Gegenüberstellung, St. Augustin 2012 (zitiert: *Melzer*, S.).

Münch, Ingo von / Mager, Ute, Staatsrecht II, Grundrechte, 6. Aufl., Stuttgart 2014.

Münchener Kommentar zum Strafgesetzbuch, Band 8: Nebenstrafrecht III, Völkerstrafgesetzbuch, hrsg. v. Wolfgang Joecks / Klaus Miebach, 2. Aufl., München 2013 (zitiert: *Bearbeiter*, in: MüKo, §, Rn.).

Murswiek, Dietrich, Die amerikanische Präventivkriegsstrategie und das Völkerrecht, NJW 2003, S. 1014–1020.

Müssig, Bernd / Meyer, Frank, Zur strafrechtlichen Verantwortlichkeit von Bundeswehrsoldaten in bewaffneten Konflikten, in: Hans Ullrich Paeffgen u. a. (Hrsg.), Strafrechtswissenschaft als Analyse und Konstruktion, Festschrift für Ingeborg Puppe zum 70. Geburtstag, Berlin 2011, S. 1501–1528 (zitiert: *Müssig/Meyer*, FS Puppe, S. 1501).

Nettesheim, Martin, Kommentierung zu Art. 59, in: Theodor Maunz / Günter Dürig u. a. (Hrsg.), Grundgesetz, Kommentar, Loseblattausgabe, Stand: Januar 2009, München (zitiert: *Nettesheim*, in: Maunz/Dürig, GG, Art. 59, Rn.).

Neubert, Carl-Wendelin, Grundrechtliche Schutzpflicht des Staates gegen grundrechtsbeeinträchtigende Maßnahmen fremder Staaten am Beispiel der Überwachung durch ausländische Geheimdienste, AöR 140 (2015), S. 267–304.

Nowrot, Karsten, Kampfdrohnen für die Bundeswehr!? – Einsatz und Weiterentwicklung von unbemannten bewaffneten Luftfahrtsystemen im Lichte des Humanitären Völkerrechts, Beiträge zum Europa- und Völkerrecht, Heft 8, 2013, abrufbar im Internet unter: http://tietje.jura.uni-halle.de/sites/default/files/BeitraegeTWR/Heft8.pdf, zuletzt abgerufen am 18.06.2016 (zitiert: *Nowrot,* S.).

O'Conell, Mary Ellen, The Choice of Law Against Terrorism, JNSLP 4 (2010), S. 343–368.

O'Conell, Mary Ellen, Unlawful Killing with Combat Drones A Case Study of Pakistan, 2004-2009, Notre Dame Law School, Legal Studies Research Paper No. 09-43, Juli 2010, abrufbar im Internet unter: https://www.law.upenn.edu/institutes/cerl/conferences/targetedkilling/papers/OConnell-Drones.pdf, zuletzt abgerufen am 26.07.2016 (zitiert: *O'Conell,* Unlawful Killing, S.).

Oeter, Stefan, Ergo omnes-Menschenrechte, in: Josef Isensee / Paul Kirchhof (Hrsg.), Handbuch des Staatsrechts der Bundesrepublik Deutschland, Band XI, 3. Aufl., Heidelberg 2013, § 180, S. 501–529 (zitiert: *Oeter*, in: HStR XI, § 180, Rn.).

Orr, Andrew C., Unmanned, Unprecedented, and Unresolved: The Status of American Drone Strikes in Pakistan Under International Law, ILJ 44 (2011), S. 729–752.

Otto, Roland, Targeted Killings and International Law, Heidelberg 2012.

Papier, Hans-Jürgen, Beschränkungen der Telekommunikationsfreiheit durch den BND an Datenaustauschpunkten, NVwZ-Extra 15/2016, S. 1–15.

Paust, Jordan J., Self-Defense Targetings of Non-State Actors and Permissibility of U.S. Use of Drones in Pakistan, Journal of Transnational Law & Policy (J. Transnat'l L. & Pol'y) 19 (2010), S. 237–280.

Pedrozo, Raul A., Use of Unmanned Systems to Combat Terrorism, in: Raul A. Pedrozo / Daria P. Wollschlaeger (Hrsg.), International Law and the Changing Charakter of War, International Law Studies 87, Newport, 2011, S. 217–269 (zitiert: *Pedrozo*, in: Pedrozo/Wollschlaeger, S. 217).

Petermann, Thomas / Grünwald, Reinhard, Stand und Perspektiven der militärischen Nutzung unbemannter Systeme, Arbeitsbericht Nr. 144, Büro für Technikfolgenabschätzung beim Deutschen Bundestag, Mai 2011, abrufbar im Internet unter: http://www.tab-beim-bundestag.de/de/pdf/publikationen/berichte/TAB-Arbeitsbericht-ab144.pdf, zuletzt abgerufen am 13.06.2016 (zitiert: *Petermann/Grünwald*, S.).

Pictet, Jean Simon, Development and Principles of International Humanitarian Law, Leiden/Bosten 1985.

Pieper, Ulrike, Neutralität von Staaten, Frankfurt am Main 1997.

Pieroth, Bodo / Schlink, Bernhard, Grundrechte, Staatsrecht II, 28. Aufl., Heidelberg 2012.

Platek, Olivia, Autonome Kriegsführung und legitime militärische Ziele, in: Robert Frau (Hrsg.), Drohnen und das Recht, Tübingen 2014, S. 35–57 (zitiert: *Platek*, in: Frau, S. 35).

Richter, Wolfgang, Kampfdrohnen versus Völkerrecht? Zum „Drohnenkrieg" in Afghanistan und Pakistan, HuV-I 2011, S. 105–112.

Richter, Wolfgang, Kampfdrohnen. Völkerrecht und militärischer Nutzen, in: SWP-Aktuell 28, Mai 2013, abrufbar im Internet unter: http://www.swp-berlin.org/fileadmin/contents/products/aktuell/2013A28_rrw.pdf, zuletzt abgerufen am: 05.07.2016 (zitiert: *Richter*, SWP Aktuell 28, 2013, S.).

Rudolf, Peter, Präsident Obamas Drohnenkrieg, SWP Aktuell 37, Juni 2013 (zitiert: *Rudolf,* SWP Aktuell 37, 2013, S.).

Rudolf, Peter / Schaller, Christian, „Targeted Killing" – Zur völkerrechtlichen, ethischen und strategischen Problematik gezielten Tötens in der Terrorismus - und Aufstandsbekämpfung, SWP-Studie, Januar 2012, abrufbar im Internet unter:

https://www.swp-berlin.org/fileadmin/contents/products/studien/2012_S01_rdf_slr.pdf, zuletzt abgerufen am 28.07.2016 (zitiert: *Rudolf/Schaller*, S.).

Saalfeld, Michael, Internationaler Terrorismus und Völkerrecht, ES 2/2002, S. 40–42.

Safferling, Christoph / Kirsch, Stefan, Die Strafbarkeit von Bundesangehörigen bei Auslandseinsätzen: Afghanistan ist kein rechtsfreier Raum, in: JA 2010, S. 81–86 (zitiert: *Safferling/Kirsch,* JA 2010, S. 81).

Sassoli, Marco, Transnational Armed Groups and Humanitarian Law, Harasvard 2006, abrufbar im Internet unter: http://www.hpcrresearch.org/sites/default/files/publications/OccasionalPaper6.pdf, zuletzt abgerufen am 10.08.2016 (zitiert: *Sassoli*, S.).

Sauer, Frank, Einstiegsdrohnen: Zur deutschen Diskussion um bewaffnete unbemannte Luftfahrzeuge, ZfAS 2014, S. 343–363.

Schadtle, Kai, Das völkerrechtliche Gewaltverbot und seine Ausnahmen, Jura 2009, S. 686–695.

Schaller, Christian, Rechtssicherheit im Auslandseinsatz - Zum völkerrechtlichen Charakter des Einsatzes der Bundeswehr in Afghanistan, SWP Aktuell 67, Dezember 2009, abrufbar im Internet unter: https://www.swp-berlin.org/fileadmin/contents/products/aktuell/2009A67_slr_ks.pdf, zuletzt abgerufen am 10.08.2016 (zitiert: *Schaller,* SWP Aktuell 67, 2009, S.).

Schaller, Christian, Gezielte Tötungen und der Einsatz von Drohnen – Zum Rechtfertigungsansatz der Obama-Administration, HuV-I 2011, S. 91–96.

Schiffbauer, Björn, Aus dem Jemen über Ramstein nach Köln: Wie drei von Kampfdrohnen geschädigte Jemeniten zum VG Köln gelangten und dort scheiterten, abrufbar im Internet unter: http://www.juwiss.de/53-2015/, zuletzt abgerufen am 11.08.2016 (zitiert: *Schiffbauer,* juwiss).

Schmalenbach, Kirsten, Der Rechtsstaat und seine Henker. Gezieltes Töten als Mittel der Terrorbekämpfung, JöR 2012, S. 25–264.

Schmidt-Radefeldt, Roman, Enduring Freedom - Antiterrorkrieg für immer? – Ein Beitrag zum ius post bellum in Afghanistan, HuV-I 2005, S. 245–253.

Schmitt, Michael, Counter-Terrorism and the Use of Force in International Law, ILS 79 (2002), S. 7–73.

Schmitt, Michael, Drone Attacks under the Jus ad Bellum And Jus in Bello: Clearing the 'Fog of Law', YIHL 13 (2010), S. 311–326.

Schöbener, Burkhard (Hrsg.), Völkerrecht. Lexikon zentraler Begriffe und Themen, Heidelberg 2014 (zitiert: *Bearbeiter,* in: Schöbener, S.).

Schönfeld, Kristina, Bewaffnete Drohnen im Lichte des humanitären Völkerrechts - oder: Stell dir vor, es ist Krieg und keiner geht hin, BRJ 2015, S. 24–34.

Schönke, Adolf / Schröder Horst, Strafgesetzbuch, 29. Aufl., München 2014 (zitiert: *Bearbeiter*, in: Schönke/Schröder, StGB, §, Rn.).

Schörnig, Niklas, Die Automatisierung des Krieges: Eine kritische Bestandsaufnahme, in: Roman Schmidt-Radefeldt / Christine Meissler (Hrsg.), Automatisierung und Digitalisierung des Krieges, Baden-Baden 2012, S. 33–59 (zitiert: *Schörnig*, in: Schmidt-Radefeldt/Meissler, S. 33).

Schwehm, Johannes, Präventive Selbstverteidigung. Eine vergleichende Analyse der völkerrechtlichen Debatte, AVR 46 (2008), S. 368–406.

Schwetzel, Wolfram, Freiheit, Sicherheit, Terror. Das Verhältnis von Freiheit und Sicherheit nach dem 11. September 2001 auf verfassungsrechtlicher und einfachgesetzlicher Ebene, München 2007.

Seiring, Olaf, Drohneneinsätze gegen feindliche Kämpfer. Besteht eine Pflicht zur Gefangennahme als milderes Mittel?, in: Robert Frau (Hrsg.), Drohnen und das Recht, Tübingen 2014, S. 84–101 (zitiert: *Seiring*, in: Frau, S. 84).

Simma, Bruno / Kahn, Daniel-Erasmus / Nolte, Georg / Paulus, Andreas (Hrsg.), The Charter of the United Nations, 3. Aufl., Oxford 2012 (zitiert: *Bearbeiter*, in: Simma u. a., Art., Rn.).

Sofaer, Abraham D., On the Necessity of Pre-emption, EJIL 2003, S. 209–226.

Solis, Gary D., The Law of Armed Conflict, International Humanitarian Law in War, 2. Aufl., Cambridge 2016.

Städele, Julius Philipp, Völkerrechtliche Implikationen des Einsatzes bewaffneter Drohnen, Berlin 2014.

Stahn, Carsten, „Nicaragua is dead, long live Nicaragua" – the Right of Self-defense Under Art. 51 UN Charter and International Terrorism, in: Christian Walter u. a. (Hrsg.), Terrorism as a Challenge for National and International Law: Security versus Liberty, Berlin 2004, S. 827–877 (zitiert: *Stahn*, in: Walter u. a., S. 827).

Stanford International Human Rights and Conflict Resolution Clinic / Global Justice Clinic (GJC) at NYU School of Law, Living under Drones: Death, Injury and Trauma to Civilians from US Drone Practice in Pakistan, 2012, abrufbar im Internet unter: http://chrgj.org/wp-content/uploads/2012/10/Living-Under-Drones.pdf, zuletzt abgerufen am 19.07.2016 (zitiert: Stanford/NYU Rep., S.).

Starski, Paulina, So fern und doch so nah: Drohneneinsätze im Jemen im Visier der Grundrechte, abrufbar im Internet unter: http://verfassungsblog.de/so-fern-und-doch-so-nah-drohneneinsaetze-im-jemen-im-visier-der-grundrech-te/, zuletzt abgerufen am 11.08.2016 (zitiert: *Starski*, verfassungsblog).

Stein, Torsten / Buttlar, Christian von, Völkerrecht, 13. Aufl., München 2012.

Stroh, Philipp, Der Einsatz von Drohnen im nicht-internationalen bewaffneten Konflikt, HuV-I 2011, S. 73–77.

Stroh, Philipp, Das Menschenrecht auf Leben im zunehmend „entmenschlichten" bewaffneten Konflikt, in: Robert Frau

(Hrsg.), Drohnen und das Recht, Tübingen 2014, S. 137–162 (zitiert: *Stroh*, in: Frau, S. 137).

Tams, Christian J., The Use of Force against Terrorists, EJIL 2009, S. 359–397.

Thürer, Daniel, Humanitäres Völkerrecht und amerikanisches Verfassungsrecht als Schranken im Kampf gegen den Terrorismus, ZSR 2006, S. 157–171.

Thym, Daniel, Zwischen „Krieg" und „Frieden": Rechtsmaßstäbe für operatives Handeln der Bundeswehr im Ausland, DÖV 2010, S. 621–630.

Tietje, Christian / Nowrot, Karsten, Völkerrechtliche Aspekte militärischer Maßnahmen gegen den internationalen Terrorismus, NZWehrr 2002, S. 1–18.

Tomuschat, Christian, Der 11. September und seine rechtlichen Konsequenzen, EuGRZ 2001, S. 535–545.

Ullrich, Norbert, Die Verpflichtung der Exekutive und Legislative zum Schutz deutscher Bürger vor der Ausspähung ausländische Geheimdienste, DVBl 2015, 204–212.

Umbach, Dieter / Clemens, Thomas, Grundgesetz, Mitarbeiterkommentar, Heidelberg 2002 (zitiert: *Bearbeiter,* in: Umbach/Clemens, GG, Art., Rn.).

Vashakmadze, Mindia, Der Terrorismus und das Völkerrecht: Aktuelle Herausforderungen, ZfAS 2011, Sonderband: „Terrorismusforschung in Deutschland", S. 48–75 (zitiert: *Vashakmadze,* ZfAS 2011, Sonderband, S. 48).

Vedder, Christoph, Die allgemeinen UN-Menschenrechtspakte und ihre Verfahren, in: Detlef Merten / Hans-Jürgen Papier (Hrsg.), Handbuch der Grundrechte in Deutschland und Europa, Band VI/2, Heidelberg 2009, § 174, S. 237–302 (zitiert: *Vedder,* in: HGR VI/2, § 174).

Vitzthum, Wolfgang Graf / Proelß, Alexander (Hrsg.), Völkerrecht, 7. Aufl., Berlin 2016 (zitiert: *Bearbeiter,* in: Graf Vitzthum/Proelß, S., Rn.).

Vogel, Ryan J., Drone Warefare and the Law of Armed Conflict, DJILP 2011, S. 101–138.

Weigelt, Katja, Die Auswirkung der Bekämpfung des internationalen Terrorismus auf die staatliche Souveränität, Berlin 2016.

Wissenschaftlicher Dienst des Deutschen Bundestages, NATO-Truppenstatut, Zusatzabkommen, Verwaltungsvereinbarungen, Ausarbeitung, 01.12.2008, abrufbar im Internet unter https://www.bundestag.de/blob/418456/12c72156e0e29422d9933848bc4c6b0e/wd-3-416-08-pdf-data.pdf, zuletzt abgerufen am 10.09.2016 (zitiert: Wissenschaftlicher Dienst des Bundestages, NATO-Truppenstatut, Zusatzabkommen, Verwaltungsvereinbarungen).

Wolfrum, Dieter (Hrsg.), Handbuch Vereinte Nationen, 2. Aufl., München 1991 (zitiert: *Bearbeiter,* bearbeitetes Stichwort, in: Wolfrum, S.).

Wuschka, Sebastian, The Use of Combat Drones in Current Conflicts - A Legal Issue or a Political Problem?, GoJIL 2011, S. 891–905.

Zimmer, Gerhard, Terrorismus und Völkerrecht. Militärische Zwangsanwendung, Selbstverteidigung und Schutz der internationalen Sicherheit, Aachen 1998.

Zimmermann, Andreas, Völkerrechtliche Fragen des Einsatzes bewaffneter Drohnen: Menschenrechtsschutz versus Terrorismusbekämpfung?, MRM 2013, S. 96–103.